間集中で
“推し”も
両立する

定時に帰れる時間活用術

一番先生

PHP

1日3時間集中で
“仕事”も“推し”も両立する
定時に帰れる時間活用術

Contents

はじめに —— 4

第1章 オタクは本当に定時帰りできているのか

1-1 買ったチケットがあると、意地でも仕事を終わらせる —— 10
1-2 まずはスケジュールを埋めるオタクのカレンダー活用法 —— 26
1-3 早く帰るオタクは何にどのくらい時間がかかるか常に調べている —— 40

第2章 定時帰りできる人・できない人の違いは「時間の区切り方」が9割

2-1 早く帰ると決めたオタクは「行動力」が生まれる —— 58
2-2 仕事の期限を前倒しでこなすオタク —— 66
2-3 1日を5分割して落とし込む —— 75
2-4 「3時間の全集中」が肝 —— 85

第3章 定時帰りの基本は「デスクトップの整理」から

3-1 オタクがデスクをきれいにしている理由 —— 94
3-2 できるオタクは1Kに住む —— 106
3-3 すべての物の置き場所はテプラで —— 125

第4章 どんなに仕事を振られてもまず「3つ」に分けろ
4-1 難易度が高い仕事はオタクの分析能力の発揮フラグ ―― 134
4-2 複雑な仕事はプラモデルのように細分化する ―― 146
4-3 やらないことを決めるためにあえて束縛することで見定める ―― 153
4-4 記録はデータで保存しアナログでは残さない ―― 160

第5章 うまくいくオタクは、昼までに「タスク8割」片づける
5-1 オタクの朝が早い理由 ―― 168
5-2 早く帰るオタクは「機械に任せる」が得意 ―― 178
5-3 早く帰るオタクほど、失敗を喜んで受け入れる ―― 188

第6章 「推し」のことを考えつつ、手は「上司」のために動かす
6-1 会社とオタクを切り離すメリット ―― 196
6-2 なぜオタクはどんな過疎地のイベントにも積極的に参加するのか ―― 205
6-3 続けることより、目の前のイベントに全身全霊を傾ける ―― 212

おわりに ―― 220

はじめに

▼オタクになって変わった人生

朝晩なく、残業に追われる会社員初期。

毎日の仕事のことばかりが頭に浮かんで、とても好きなことに意識を向けることができませんでした。


しかし、真剣にヲタ芸をはじめることにして早15年。あの日から、私の生活の優先順位はオタク活動＞仕事になりました。

会社員とオタク活動の、なんと相性のいいことか。

推し活・イベント活動が人生の主軸となり、それ以外の日常がイベントのための手段にしてから、生活環境も精神衛生面もガラリと変わりました。

「なんだ、オタクの本か」と思った方、もう少しだけ読んでください！

これは単なるオタクの日常本ではなく、オタクになったことで時間の使い方が段違いにうまくなったたいち会社員の本です。

家が寝るだけの場所になり、休日は睡眠を貪《むさぼ》るだけになっていませんか？

それは、「自分」という最も推すべき人物に時間を割けていると言えるでしょうか。

ただのしがないオタクだった自分が、たった1枚のTシャツを着たことで人生が大きく変わりました。

「一番」と書かれたTシャツを着てイベントに参加した、忘れもしない7月の西武ドームでのライブイベント。

覚えたてのヲタ芸を全力で行う自分の姿を見た友人が、一番先生と名付けてくれました。

その日、全力でヲタ芸をした楽しさ、ヲタ芸を始めてから半年間の成果が出たことに対する喜びは、人生でそれまでに味わったことがない感覚でした。

一番先生としてヲタ芸を極める道を求め続ける。

その日から天災やロックダウンのときを除けば、推し活を最優先に会社員をしてきました。

休日のほとんどをイベントに費やす日々。常に健康体で、平日はほぼ定時に退社することを心がけています。

もちろん、気持ち一つでできることではありません。

日中の時間のコントロール、ルーティン、健康な体作りといったどこかで聞いたことのあるような話から、家の間取りの選び方、机の上の整理整頓の方法、あえて遠征をする理由まで、行える努力は多岐にわたります。

一番先生になった日

ここで一つ、種明かしをしなければいけません。

これを伝えずして「この本を踏襲すればあなたも推し活に専念できる日々を手に入れられる！」とは言えないからです。

それは、ヲタ芸のために転職したということです。自分が参加するイベントは土日が主でした。しかし、新卒で入社した会社はシフト制で、土日は稼ぎ時《どき》。

残業時間を減らし、自分の時間を作るという「できること」もありましたが、自分だけが毎週土日休みをもらうことは「できないこと」です。仕事自体に不満はなく、人間関係も良好だったため、悩みましたが転職を選びました。

「そんなことで仕事を辞めるなんて」と思われるかもしれません。

しかし、職場を変えたことで自分の人生がより充実しました。一番先生として生きる道を選んだのです。転職から15年経った今、あのときすぐに決断をしてよかったと心からそう思っています。

1分1秒を、あなたのこの先の未来を、「自分の努力だけでどうにかなる」と浪費してほしくない。

そのためには、見極めも必要です。これは、転職に限った話ではありません。

私がこれまで、どのように時間を使ってきたのか、その術を余すところなくお伝えしたいと思います。

この本によって、あなたの推し活がより充実すれば、オタク仲間としてこれ以上の喜びはありません。あなたの日々の幸せが1分でも増えることを願って。

一番先生

第1章

オタクは本当に定時帰りできているのか

1-1

買ったチケットがあると、意地でも仕事を終わらせる

▼オタク的幸福論

どうしても仕事を優先してしまう理由は何でしょうか？

仕事が楽しいから？　上司に叱責されないように？　自分以外にできる人がいないから？　単なる義務感？

では、あなたを幸せにできるのは誰でしょうか。もちろん、他でもないあなたです。自分自身が何をするか、誰を選ぶか、どう行動するかで幸福度は決まります。

これまで20年間会社員生活をしてきましたが、最初の5年間は自分にとっての幸福とは何かを理解せずに過ごしてきました。自分の幸福に気がつくまでは、ただ漠然と仕事をして自宅に帰るだけの日々。

特別就きたい仕事もなく、期限ギリギリの状態で挑んだ就職活動。何とか入社はしたものの、残業時間はかなり多く、入社して2ヶ月目には残業が月100時間を超える状態でした。

7時に起床し、帰宅は23時。実家から通っていたので、通勤時間に往復3時間かけていました。

その反動か、休みの日は毎回12時間以上寝ていたことが多かったです。

仕事には順応できていたようで、幸いにも上司に叱られることは少なかったように思います。ただし自分の世界にのめり込むことが多く、人付き合いを避ける、いわゆるオタクの素質はこの頃から発揮しており、飲み会、付き合いなどはまったくといっていいほど行きませんでした。叱られることはないですが、上司の記憶に残ることも少なく、昇進とは無縁。

接客業のため、業務に特殊性はありませんでした。ところが専門知識が必要な商品を任された際対応できる人が少なく、入社2年目から単独で仕事を行うことが多くなっていきます。他に誰もできないことから義務感を感じ、残業することが多くなりました。


ときには生活を犠牲にして自営業を営む両親の背中を見ていたからか、生活のために働くことは当たり前だと感じていました。残業することを疑問に思うことは少なく、「仕事量多いな。今日も残業か」程度の認識でこなしていく日々。

その影響か楽しい・楽しくない、好き・嫌いということを考えることもなく、そもそも自分にとって幸福とは何かということを真剣に考えたことがありませんでした。

当時は、自分で自分を幸福にできるという発想は微塵《みじん》もなかったのです。

20歳で専門学校を卒業しすぐ就職したため、遊んだ経験が少なく、22歳までは色々なことを人より多く経験したいという思いがありました。

そのため、残業時間が100時間あっても、アニメ好きな人と飲みに行ったり、朝までカラオケに行ったりしていました。

しかし、これも数年経験すると日常化し、飽きていました。いつものメンツで食事をする集まりになってからは、刺激もほとんどなくなっていました。

そんな毎日の中で、数少ない楽しみの一つとして、年に数回参加する声優やアイドルのライブイベントがありました。12歳のとき、当時聞いていた声優が出演しているラジオの公開録音イベントに参加したのが始まりです。

それ以外はとくに娯楽らしい楽しみもなかったのですが、21歳のときに職場の先輩に連れられてライブに行ったのがキッカケで、それ以降は1年に数回通うようになりました。

幼少期に見ていたアニメの曲をアーティストが生で歌唱する。今見ているアニメの主題歌を生で聞ける。これまで経験をしたことのない大きな魅力を感じ、定期的に参加するようになりました。

▼ヲタ芸との出合い

ライブイベントは1回約2時間。短い時間ですが、「あの曲が聞けた！」と鳥肌が立った事を覚えています。この感覚の虜になり、足しげく通うようになります。

平日は寝る時間以外のほとんどを仕事に費やし、年に数回のイベントを楽しみに生活する。

そんな会社員生活を送っていた5年目のある日、とある声優のライブイベントに参加したことで、出会いがありました。

それは、イベントでヲタ芸をしている人々との出会いです。

当時イベントには、ずっと1人で参加していましたが、以前イベントで出会い、一度食事を共にした方と再会しました。その方の友人がヲタ芸をしており、教えてもらうことになりました。

それまで、会場で見たことがありましたが、自分で行うことはなかったヲタ芸。大きな声で気合を入れる。曲に合わせて両手を大きく振り回す。真冬の屋外で行っても一曲で汗だくになる行為に大きな衝撃を受けました。

こんな楽しいことがあるのか！

曲を聞いて自分の想いをアウトプットできる快感。ヲタ芸を通じて自分が感じたことを表現する。これこそが自分自身が求めていた幸せであると気がつきました。

この頃、あんなに楽しさを感じていたイベントもマンネリ化してしまっていました。

イベントに行く熱量が下がっていたため、通うこともやめようと考えていた時期に出合ったのが「ヲタ芸」でした。

イベントで体を動かし、受動的ではなく、能動的になれる。流れてきた曲に対して自分なりの振りを行う。自発的にライブに参加していると感じられ、多幸感を味わいました。

もっとヲタ芸をしたい！
ヲタ芸が上手になりたい！
そのためにイベントに参加したい！

心の底からイベントに参加したいと思ったとき、スイッチが入りました。

「より多くのイベントに参加する。もっとヲタ芸がうまくなりたい」
これが行動の指針となりました。

これは、オタク活動に限ったことではないと思います。

週末や休日に過ごす家族との時間。親しい友人との旅行。会社員をしながら行っているフットサルの試合。

ペットとのふれあいの時間。新しい服や秋葉原にガジェットを買いに行く時間。

自分がやりたいこと、好きなこと、家族や恋人、子どもとの時間。あなたは推しのために時間を使えていますか？

優先順位が変わった瞬間

ヲタ芸に魅了された自分は、一つの目標ができました。

それは、もっとイベントに参加してヲタ芸のレベルを上げるということ。

そう決めたとき、最初にとった行動は、参加するイベントのチケットを先に購入することでした。

それまでの自分は休みの希望が通ればイベントに参加する、というスタンスを取っていました。

しかし、参加できるスケジュールの範囲内でイベントを選んでいたのでは、限りがあり多くの数をこなすことはできません。

そこで、イベントの参加範囲を土日から全日に、地元から全国に広げました。

すると、これまでとは比較にならないほど多くのイベントが候補に挙がりました。

世の中にはこれだけ多くのイベントがあるのか。これは上達のチャンスだ！　と感じました。

「いっそのこと、チケットを先に押さえてしまうか」、

マンネリ化をやめたい、自分を変えたいという潜在的な思いが水面に顔を出すように、自然と思いつきました。

そして、悩む間もなく、それらのチケットを先に購入したのです。

さらに、参加する時期が近いチケットだけでなく、数ヶ月先、半年先のイベントのチケットも押さえました。

今思い出すとかなり無謀な挑戦ですが、この方法が思いの外うまくいきました。

まず**購入したイベントのチケットを目で見られる、ということが自分にとって励みになりました。**

購入したチケットを見ていると、この予定は崩せない。何が何でもイベントに参加しないといけない、という気持ちが心の底から湧き上がります。

持っているチケットの公演の様子をイメージし、自分がヲタ芸をしているシミュレ

ーションをします。

この光景を実現したい！

なんとしてもイベントに参加したい！

イベントの予定を先に入れただけですが、これだけで気持ちの張り合いがこれまでとは比べ物にならないぐらい強くなりました。仕事をなんとしても終わらせる。これ以降、死にもの狂いで仕事に取り組むようになりました。

終業の時間だけを心待ちにし、時間が早く過ぎないかと気にしていた自分が、チケットを先に買うようにして3ヶ月もすると、どうすれば残業をせずに仕事を終わらせられるかということを考える自分に変化していました。

行動は変わりましたが、やり始めた当初、心の中では、ものすごくドキドキしたことを覚えています。

チケットが無駄になったらどうしよう。イベントに参加できないのではないか……。こういった不安が何度も頭をよぎりました。

でも、それ以上にイベントに参加したい、ヲタ芸をやりたいという気持ちが勝《まさ》りました。

みなさんの推し活に置き換えて想像してみてください。やりたいことを決めた瞬間、ワクワクしませんか？

この仕事が終わったら楽しいフットサルができる！　あの見たかった映画を家族と見て共に共感したい！

このような予定のために仕事に必死になって取り組み、終わらせようとする。高揚した気持ちや仕事に対するやる気を感じたことはありませんか？

予定を先に決めることは、最初は勇気のいることですが、慣れてくるとやりたいことや大事なことに意識が向くようになります。

先に押さえたチケットが、予約が、お金が無駄に終わったらどうしようという不安こそ、スタートラインに立った証拠です。内心ハラハラ・ドキドキしている気持ちを振り切って、仕事を終わらせることに全力を尽くす。

この状態を築くことができたとき、予定通り「推し活」を楽しむことができるようになります。

私の場合、予定通りにイベントに参加できるようになると、それまでは距離や時間の関係で選択肢に入らなかったイベントも参加する候補として挙がるようになりました。

それに伴い仕事を効率よく、さらに計画的に終わらせるようになるという好循環が生まれました、その結果、より多くのイベントに参加できるようになりました。

イベントがそこにある。推し活がそこにある。

だからこそ仕事をなんとしても時間内に終わらせようとする。定時に絶対上がるという力がみなぎってきます。

うまく仕事を回せるようになるまでは、仕事に没頭するようになりました。意地でも定時で終わらせる。どんなトラブルも時間内に解決し、追加の仕事もこなし切らないといけない。この気持ちを常に持って仕事に取り組む日々となりました。

このやり方にしてから3ヶ月は、とくに必死だったことを思い出します。少しでも時短になる方法はないか。トラブルを未然に防ぐ方法を取り入れたりして、定時に上がるためにできることは何でも行いました。

それまで、どうせ今日も残業だから何時に終わろうが関係ないというネガティブな考えばかりしていた自分から、仕事をなんとしても定時で終わらせるという、ポジティブな人間に変わっていきました。

残念ながらうまくいかない日もありました。定時や決めた時間までに仕事が終わらずイベントに遅れたこともあります。

遅刻だけでなく、参加することが叶わなかったイベントもありました。

だけどイベントに参加する、ヲタ芸を打つという幸福のために死にものぐるいで取り組みました。

そうして1日3時間、4時間あった残業時間はみるみる短縮。そして3ヶ月経過したある日、定時で上がることができました。

このときは嬉しい以上に、驚いたことを覚えています。たった3ヶ月前までは月の残業時間が100時間あったのに、定時で上がれた。これを機に、イベント参加により一層力が入るようになりました。

技術的に難しいことではありません。**予定を先に決めて予約を入れる**、これだけです。この一歩で、私は大きく変わることができました。

相手がいる予定の場合は、遅れるかもと伝えることも必要でしょう。残念ながら残業になり参加できない日もあるかもしれません。そんなときも、めげずに予定を入れて推し活をやり続ける。これを続けた先にみなさんの残業時間が減る、定時で上がれるという現実が待っています。

▼時代は変わっても、やり方は変わらない

15年前にはじめたこの方法を、自分は今でも実践しています。

今回本書を執筆するに当たり色々と振り返りましたが、最初にお伝えすべき時間術はこれだと感じました。

仕事が多い、残業しないと帰れない。そのせいで、好きなことができずに過ぎ去っ

ていく毎日。こういった思いを抱いている方は多いと感じます。

SNSで見るオタクの発言でも残業が多い、ブラック労働がキツイというものを目にします。まだまだ一般的には残業時間が多く、労働環境は改善されていないというのが個人的感覚です。

実際に推し活に時間を作れず、ライブイベントから足が遠のくオタク、来なくなったオタク友達は数多くいます。

しかし、そんな中でも、「いつもイベントで見るオタク」「SNS上でよく見るオタク」は今日も多くのイベントに参加しています。そしてそういったオタクと話をすると、この**チケット先取り戦法を取り入れていることが多いです。**

オタクの場合はチケットを購入し、目に見えることでやる気が出ますが、みなさんも「推し活」の予定が目に見えるようにすると意識がとても変わるはずです。

美容室に予約の電話を入れる、友達と食事に行く日を決めるためのやり取りを行う、スケジュール管理アプリや手帳に予定を書き込む。

みなさんが「早く仕事を終わらせよう！」とやる気が出る方法は、どんなものがあるでしょうか。

残業時間が減るということは仕事のスピードはかなり上がり、効率がよくなるということでもあります。定時で上がれるようになると、できた！ という実感が湧いてきます。

これをぜひ体験してほしいのです。好きなことをしようとしただけなのに、自分自身の仕事への向き合い方の変化に気がつきます。そして、その先にある「自分でもできた」という気持ちに気がつきます。

1-2 まずはスケジュールを埋める オタクのカレンダー活用法

▼いつでもどこでも「同じ状況」を作る

仕事の出張にイベントの遠征と、毎日のように移動をしている自分は、いつの間にかボストンバッグ一つにすべてをまとめられるほど、ミニマムになれました。

と、言いながらも一番先生のヲタ芸には必需品となる鞄がこれとは別にあるわけですが、今回は内緒にさせていただきます。

ボストンバッグに荷物を集約していく中で、淘汰されたものの一つがスケジュール帳です。これには、いくつか理由があります。

一つは、**物を増やせばそれだけ忘れ物をする可能性も出てきてしまう**ということ。

「鞄を変えたからスケジュール帳を忘れた」となってしまっては、せっかく綿密に組んだスケジュールも、確認ができず意味がなくなってしまいます。

もう一つは、**スケジュール帳というアナログタイプよりアプリ管理でデジタルのほうが、予定をボタン一つで追加、削除できるという手軽さ**です。

行けなくなってしまったイベント、ねじ込みたいイベントが発生した際に、消し跡が残ったり小さな隙間に書き込まないといけなくなったりして手帳がどんどん見づらくなるのは避けたいもの。

試行錯誤を経て、グーグルカレンダーに入力するという方法に辿り着きました。

▼デジタル管理はアナログ管理より3倍簡単

自分はグーグルカレンダーを利用しています。

スマートフォン、パソコン、双方のデータを共有して使用することができ、情報のリンクも可能だからです。グーグルカレンダーを採用した理由はいくつかあります。

一つ目は**スマホで入力したスケジュールがすぐにパソコンに反映される**点です。

スマホで記録したスケジュールをパソコン版のグーグルカレンダーで見たときネットワークがつながっていれば瞬時に保存され、パソコン、スマホに限らずログインさえすれば別のデバイスからも確認することができます。

このやり方を構築するまでは、新しい予定が発生したとき「あの日、何かあったかな」と思考を巡らせることがありました。

手書きのメモを自宅に置いていて、出先でそれを確認できない間はそれについて考えることが多く、集中力が低下することもしばしば起こっていました。グーグルカレンダーでスマホとパソコンを連携するようになってからは、これらの悩みが解消され、仕事への集中力が一段と上がりました。

さらに、グーグルカレンダーは時間の指定も可能です。

日付もそうですが、スケジュールが増えてくると時間の間違いは起こりがちです。

日付は覚えていたが時間を間違えていた……。

細かい部分を覚えることが苦手な自分は、何度かイベントに遅刻することがありました。

・開始時間
・終了時間（交通手段への影響チェック）
・終日の指定

記録したことが瞬時にどこでも確認できる。これができるようになったことで、スケジュール管理に伴う心理的ストレスは大幅に下がりました。

二つ目は、**追加も削除も簡単にできる**点です。

スケジュール管理を始めた当初はグーグルカレンダーがなかったため、手書きのノートとエクセル、スマホのメモ帳を併用して行っていました。

物事のやり始めは熱量が高いものです。当初はモチベーションが高く、こまめに確認、入力、改善を行っていました。しかし半年も経過すると、モチベーションは少しずつ下がっていきました。次第に管理が煩雑になり、エクセルもスマホもまとめるのに時間がかかるようになってしまいました。

週末のイベント疲れが抜けない月曜日や本業が忙しいときには、スケジュールを精査する作業が非常に億劫になりました。

予定が新たに加わったり、変更したりということは必ず発生します。

子どもが急に熱を出した。彼女から約束の日を別の日に変えてほしいと言われた。あなたが推し活を真剣に行う上で必ず発生する事態です。

手書きやエクセルなど、同期ができないものにそれぞれ記載していると変更するのがひと手間ですが、デジタルの場合、5秒もあれば対応できます。

後から簡単に、一度の作業で変更できるというのは大きな利点です。

三つ目は**スケジュールをどこに記載したか忘れない**ことです。

先ほど述べた自作のノート、エクセル、スマホのメモの3点でスケジュール管理を行っていたとき、記載した内容を見失うことがしばしば起こっていました。

ノートに書いた内容がどこに書いてあるかわからない。エクセルで保存したはずなのに見当たらない。あちこちにスケジュールを書き込んでいたために、見返したくても迷子になってしまうことが発生していたのです。

この問題はグーグルカレンダーを活用してから一切発生しなくなりました。たとえスマホを紛失したとしても、ネットワーク上に情報は保存されるため、復旧することも簡単です。作業途中でパソコンの電源が落ちても、少し前のデータを遡《さかのぼ》り利用することもできます。

この3点のメリットに気がついてからは、デジタルでスケジュール管理を行うようになりました。結果として非常に効率は上がり、記入する時間、精査する時間も大幅に短縮できました。

▼予定は取捨選択しない「推し活ファースト」で

スケジュールを書き込むとき、何を基準に予定を入れていますか?

・必ず行ける曜日、時間のものだけ
・絶対に行きたい、譲れないイベントだけ
・仕事がかぶりそうなときは先に諦める

もしこれをベースにしているとしたら、とても効率的ですね。でも、この本を読んだ後は、一度この基準を捨ててみてください。あなたは無意識に仕事を優先してしまっています。

仕事ファーストから推し活ファーストへ。スケジュールの入力がその第一歩です。

・気になっているイベントは入力する
・イベントの日時がかぶっていてもとりあえず書き出してみる

行ける、行けないはこの時点では問題ではありません。何ヶ月先のものでも海外のイベントでも、とにかく入れてみましょう。

自分の場合、アイドルイベント・日本の夏フェス・海外のイベントなど、さまざまなものに参加しています。海外のイベントとなると開催の発表が非常に早く、1年前に予定が出ることもあります。

それらの**イベントが少しでも気になる場合、まずはグーグルカレンダーに打ち込んでいます。**

そのイベントに行く・行かないは別にして、記入をすることで、「見逃した！」ということがなくなります。

この段階では気にせずに、**どんどん打ち込んでください。「行けないかも」といったためらいは不要です。後述しますが、最後に振り分けを行います。だからこそ、まずはすべて記載することが大切です。**

▼推しファーストで優先すべきは「直感」

スケジュール入力の段階で自分が意識していることは、「行きたい」という気持ちと同時に、「気になる」という気持ちを大切にすることです。

毎回参加すると決めているイベントばかりだとマンネリが生まれます。

このとき「気になる」と感じた予定にはいつもと違う何かがあります。

実際に「気になる」イベントに参加したことで、新しい友人と多く出会いました。それまでにない新しいスタイルのイベントに参加することで、大きな刺激をもらえるのです。

何を入力するか迷ったら、まずは結婚記念日や誕生日、帰省など、年間で予定が把握できるものから。半年先、１年先のイベントをグーグルカレンダーに打ち込んでみてください。

次に、行ってみたいと感じたプロ野球の試合、子どもと訪れたいと思ったテーマパークなどの予定を入れましょう。チケットは購入していなくてもいいので、仮の日付を決め、グーグルカレンダーに打ち込みます。何度も繰り返しますが、修正は後で行えますので、とにかく「行きたい」「気になる」の気持ちに素直になって入力してください。

好きなだけイベントを入力したら、次は仕事の予定を入れましょう。

来月、再来月の出張。社員旅行の日程。さらには繁忙期の予定も入れてみてください。毎年この時期は忙しかったな、昨年のこの時期はこれぐらい残業したよね。こういったことを思い出し、スケジュールに打ち込むのです。

このとき大切なのは、イベントとの被りを気にしないこと。この段階で取捨選択してしまい、結果面白そうなイベントに参加しなかったということが過去の自分には多くありました。また、「このイベントは行きたいけど、仕事が繁忙期でギリギリになりそう」「参加が無理そうだ」と思い、諦めてしまうこともありました。

今はまだ予定の状態です。ここでは欲望のままに入力することが鉄則です。

あなたが働いている会社の状況によっては、ギリギリまで予定が読めないということもあるかと思います。そのため、いざスケジュール管理を始めても、はじめは未定にせざるを得ない日が多いかもしれません。

しかし半年、1年と続けていると、仕事のパターンや予測できることが少しずつ増えていきます。はじめは焦らず、コツコツと入力する。わかる範囲で大丈夫なので、予定を記入してみてください。

推し活と仕事。両方の入力が終わったら、最後はスケジュールの精査を行います。グーグルカレンダーを確認し、どの予定が最適か選ぶ作業です。

自分の場合、毎月末の土曜日に翌月の予定立てを行っています。

半年先でも参加を決定し、必要な移動手段、ホテルの手配が必要な場合は都度行いますが、最終的に行動するスケジュールは、このタイミングで決めています。

早々と情報解禁されるイベントもあれば、ギリギリに発表されるイベントもあります。自分は、数ヶ月前から予定を決めてしまい、直前になって「こっちにしよう」と変更することが複数回発生してしまいました。この経験から、今はこの方法に落ち着いています。

これも、半年ほど試行錯誤することで、あなたの一番よいタイミングが見えてくると思うので、探してみてください。

自分が前月の決定でいい理由の一つに、施設の予約がこのタイミングでも余裕があることが挙げられます。自分は1人で行動することが多く、予約の際、新幹線に乗れなかった、ホテルが取れなかったということは幸いにしてありません。

家族がいらっしゃる方や2人以上でスケジュールを組む場合は、直前よりも余裕を持ったほうがよいでしょう。ここ数年で予約サイトの利用者は大幅に増加しており、複数人の場合、予約が取れない場合もあります。

自身にあったタイミングを見つけ出し、スケジュールを決めるルーティンを作ってみてください。

▼スケジュール管理の方法は目的に合わせる

以前はノートに書き出して、スケジュール調整をしていたのは前述した通りです。そのときは遠征費なども同時に計算していました。

毎月、参加するイベントを手書きで書き出し、それに対してかかる費用、移動の新幹線代、イベントのチケット代を詳細に記載。1日もしくは1ヶ月単位で費用を算出していましたが、毎年固定のイベントの旅費などはおおよそ同じだったことが把握できたところで、スケジュールと経費の計算は別々で行うようになりました。

散々グーグルカレンダーの良さを語りましたが、すべてをデジタルで一元管理することを推奨するつもりはありません。

例えばイベントの持ち物を管理する場合は、今でも手書きで行うようにしています。今カバンの中に何が入っているかを詳細に記載し、見えるところに貼っておく。毎回忘れ物がないか見てからイベントに参加するルーティンは、この15年欠かさずに行っています。

デジタルでの管理も試しましたが、「アレ忘れた！」ということがイベント会場で何度かあったため、今でも手書きで紙に記入するようにしているのです。

反対に旅費の管理はアプリで行います。自分の場合はアプリがしっくりきましたが、これもデジタルでないといけないわけではありません。

スケジュール管理を行う上で最も避けないといけないことは、「面倒になって継続しない」ことです。

▼管理はとことんシンプルに

細かなルールを決めることはやめましょう。例えば、予定ごとに色分けする、重要なスケジュールに特殊な印をつけるといった方法は、継続できないことが多いのでオススメしません。

最低限のルールを作り、スケジュールを淡々と記入し続けられることが継続の秘訣です。

自分の場合は熱量が高く、予定管理を始めて5年以上続いたので習慣化できましたが、すべての方に当てはまることではないことは承知しています。

そのため、自分にあった方法を見つけ、体調がすぐれないとき、手が塞がっていて**億劫だと感じるときでも、瞬時に行えるやり方が大切です。**

思い立ったとき、気がついたときにサッと行うことを継続できると、心の中で達成感が生まれ、「次もやろう!」という気持ちが芽生えます。

1-3 早く帰るオタクは何にどのくらい時間がかかるか常に調べている

▼「残業は善」という悪習

悲しいかな、どんな会社にも「残業は美学」だと思っている人がいます。これは、自分の知る限り半世紀前からその認識は変わっていないようです。学生時代に見た再放送ドラマの「残ったほうが稼げるぞ」というセリフが印象に残っています。

これは、「残れば残業代が稼げるぞ」といったほうが正確でしょう。

残る理由をお金のためだと公《おおやけ》には言えないので、「長く働いていたらそれだけ成果が出る」「会社に長くいることが貢献」だと変換され、残業が悪習として残った、と考察します。こうして、「時間をかけたほうが得だ」という認識も生まれ、就業時間中も、いかに少ない量をゆっくりこなすかに精を出す人さえいました。

人は流されやすい生き物です。

働き始めた頃は、周りの環境に行動を合わせている自分がいました。8時に会社の鍵を開けるために誰よりも早く出社し、会社の入口で待機する。夜は24時まで働き、自家用車で片道1時間半かけて帰る。平日は仕事中心の毎日で、残業は当たり前。この状態を「充実している」とさえ思っていた節もありました。

しかし、そのうち体の疲労がなかなか抜けなくなってきた頃、このままで大丈夫なのだろうかと不安を感じるようになりました。仕事に対する本質的理解が深まり、裁量を与えられるようになると、段々疑問が湧いてきたのです。

残業しなくても大丈夫なのに、みんな帰らない。

みんな、本気を出していないのではないか？

これが激務の職場ではなく、ぬるま湯の環境であったなら、もっと気づくのが遅くなっていたかもしれません。

今振り返ってみると、ヲタ芸を極めたいと思ったからこそ、社の風潮にはまることなく自身がやるべきことをしっかりと見据えることができたと思っています。

残業はマストではないし、自分の仕事が終わったら帰っていい。これがわかってからは、残業時間をいかに減らすか、定時で退社するにはどうしたら良いか。この部分を追い求め続け、自分なりのやり方を掴むことができました。

▼時間短縮のカギは仕分けにあり

いかにして推し活に時間を割くか。自分は**残業時間の短縮を図るためにまず行ったことが、「何にどれだけの時間がかかるか、時間を測る」**というものです。

これは、1日の仕事を細かく分け、分解すること。

一口に「仕事」と言っても、実は細かな工程が複数重なり合っています。

例えば経費精算で見てみましょう。

・領収書を申請日まで保管しておく

・領収書を元にシステムへ入力する
・領収書の金額と入力に相違がないか確認する
・正しいフォーマットで提出する

このように分解して考えると、「入力した金額と領収書の金額が違う」「提出しても不備があると返されてしまう」など、ミスをするポイントによって苦手な点がどこなのかわかります。

逆に「入力はとても速い」「領収書をなくしたことはなく、日付順に管理ができている」など得意なことも見つかります。

このように、それぞれの仕事の工程を分解することで、自身の得意・不得意を見つけることができ、さらに仕分けができます。大事なのは好き・嫌いで分けないこと。

このとき基準として使うと良いのが、「その仕事にかかる時間」です。

会社員として働き、同僚、管理職、アルバイトの方など多くを見てきましたが、得意不得意をきちんと自覚できている人は1割程度というのが個人的体感です。

苦手な仕事で何度もミスをしたり、つまずいて他の仕事が遅れるといったことが起こったり、得意な仕事ばかり優先してそれ以外はおろそかになるといった事象が起こっていました。

そして、得意不得意があることを自覚できている人でも、仕分けまでできているのはそのうちの2割。

つまり、100名の社員のうち10名が自分の得意不得意を自覚できており、そのうち2名しか仕分けができていないということです。これはとてももったいないと感じました。

この「仕分け」を使わない手はありません。先の例のように、あなたが抱えている業務内容を細かく分けてみましょう。

自分の場合を例にして説明します。接客業務では、ただ売り場に立って商品販売を行っていただけではありませんでした。

・在庫の発注

・入荷した商品の整理

得意・不得意の仕分けができている割合イメージ

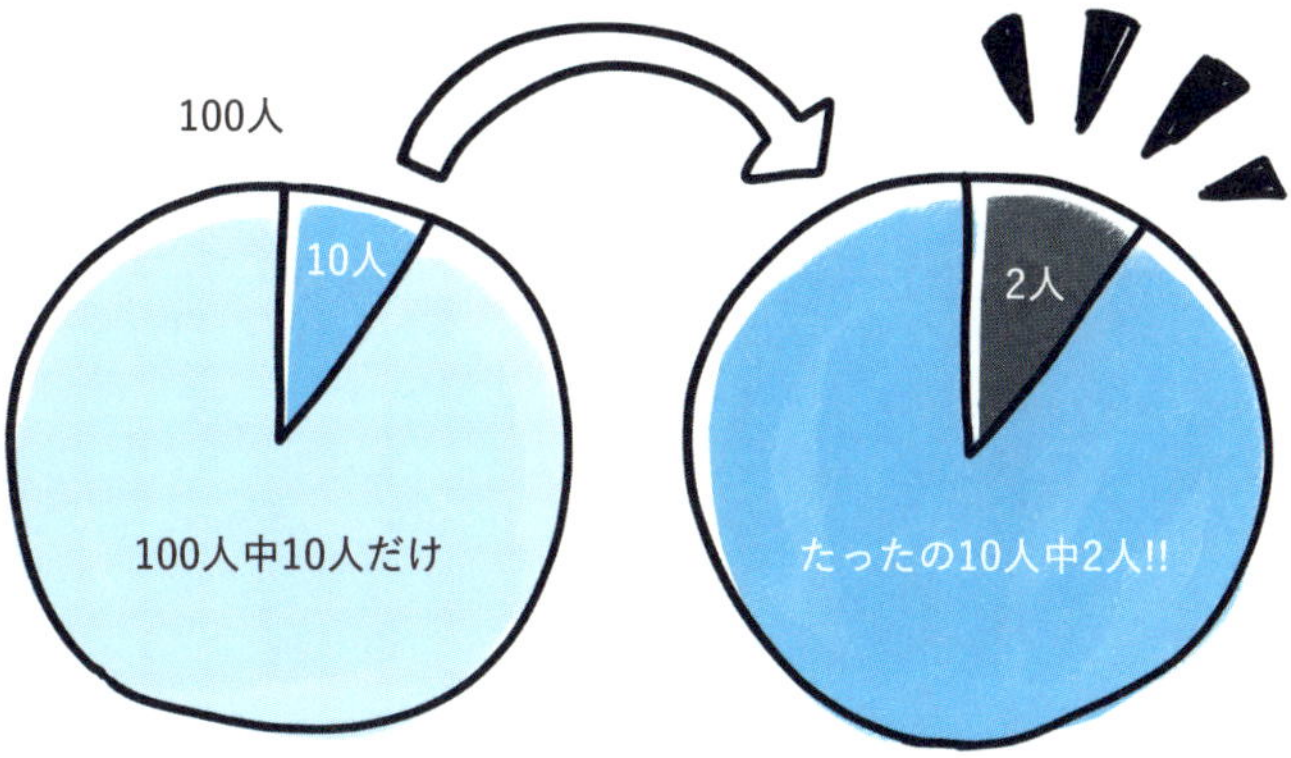

［得意・不得意がわかっている人］

［得意・不得意の仕分けまでできている人］

・商品の不具合による返品業務
・店の入口に立ってお客様を呼び込む
・接客業務

主にこれらの業務が「接客業務」に含まれていました。

同じように、実際に行っている業務を一つひとつ詳細に書き出してください。どんな些細《ささい》なことでも、1ヶ月に一度しか行わないことでもすべて書いてみましょう。

次に、それぞれに対し、どれぐらい時間を要しているかを業務内容の横に記入します。

自分の業務について書いてみます。

・在庫の発注（15分）
・入荷した商品の整理（10分）
・商品の不具合による返品業務（30分）
・店の入口に立ってお客様を呼び込む
・接客業務

時間帯や時期などによって所要時間が変動する場合は、平均値もしくは一番時間がかかる場合の時間を記入してください。

そして一つひとつの仕事を得意、不得意に仕分けします。

この仕分けを行うことで、時間がかかっているのに苦ではない仕事、短時間なのに億劫に感じる仕事を客観視できます。「毎日の仕事が嫌だなぁ」と思っている方でも、仕事の得意な項目が見つかるかもしれません。

自分は入荷した商品の整理と接客業務が得意だったことを覚えています。他の社員よりも乱雑に置かれた状態の在庫をきれいに並べる時間は速かったです。いつもより

得意・不得意の仕分けステップ

① 仕事を分解	接客業務 在庫の発注 入荷した商品の整理 商品の不具合による… ⋮
② 所要時間の割り出し	在庫の発注:15分 入荷した商品の整理:10分 商品の不具合による…:30分 ⋮
③ 得意・不得意の仕分け	在庫の発注　○ 入荷した商品の整理　◎ 商品の不具合による…　× ⋮

短い時間で在庫が整理され、倉庫がきれいになったときは達成感もありました。

接客業務では、扱っている商品群もプライベートで使用しているものが多かったことも相まって、知っている情報を元に新商品知識など前向きに勉強できました。長い日は1日8時間売り場に立っていることもありましたが苦にはならず、成績も悪くなかったことから得意なのだと気がつくことができました。

逆に不得意だったのは返品業務です。付属品がすべて揃っているか、商品を細かくチェックして、本当に異常があるのかを確認した後に書類に記入し、所定の場所に送る。返品業務は毎日は発生しませんが、数件あっただけでも大幅に時間を取られていました。不得意な業務だったと言わざるを得ません。

このような仕分けが終わったら、後は各々にかかる時間を短縮させるための試行錯誤を繰り返します。

このとき、「どの業務にどれくらい時間を要しているか」を記録していることが重要になります。1ヶ月に一度、3ヶ月に一度など、自身のペースでいいので記録したタイムを比較し、短縮することを意識してみてください。

不得意を得意にすることは難しいかもしれませんが、不得意だと自覚ができた今なら、所要時間を縮める、ミスを減らすことを意識して行うことができるでしょう。いずれは「不得意」から「普通」くらいにはなるかもしれません。

例えば自分の場合、売上を上げるためには接客時間を長くする必要があります。ということは、全体の業務時間に対し返品業務を少しでも短くすることが一つのハードルです。この目標を達成するため、ひたすらトライアンドエラーを繰り返しました。

はじめは数字と向き合うのが辛いと思うこともありました。まだこんなに時間がかかっているのかと現実を受け入れられない日も。しかし、何回も記録していくうちに、確実に変わっていきました。

どうしたらもっと効率よくできるか、一つひとつの業務に対して手を替え品を替え試していくうちに、だんだんとゲームを攻略する気分になっていきました。3ヶ月、半年と経過するにつれてタイムも短くなっていきました。

帰宅時間もその分早くなったことで目的であったイベント参加が思うようにでき、より意欲的に時間短縮へ取り組む意識が上がるという好循環が生まれました。

ぜひあなたの推し活に置き換えて想像してみてください。

子どもと平日に遊べる時間が増えた。仕事の後に楽しみにしていた映画の公開初日に行けて嬉しかった。平日にきちんと定時に帰れるので、遠方で行われる土日のコンサートへ前乗りすることが可能になった。時間に追われることがなくなったので、今まで以上に趣味を楽しめるようになった。

仕事の時間短縮を行うことで、結果的に幸せな推し活時間を満喫していただけることでしょう。

目の前の数字と向き合い、工夫し減らしていくのはダイエットと似ている部分があります。最初の数ヶ月を超えると楽になる業務時間の可視化。それぞれの時間を圧縮した結果、残業時間が減少する。その先には推し活を楽しめる日常が待っています。

▼何のために残業を減らすのか、目的を持つ

自分は「残業を減らす」ためのほかに、「土日にも休みをもらう」ため、接客業から今の仕事へ転職をしています。

前職では、シフトが出るまで気になっているイベントにいけるかどうかわからない、やきもきする期間があったり行けないとわかったときにガッカリするくらいなら、と、はじめから諦めたイベントもたくさんありました。

しかし、今の職場を選んだはいいものの、当時は入社3年目までに離職する方が多い会社でもありました。

中途入社後、引き継ぎをしてくれた先輩からそのわけを聞くことができました。3

年目から始まる仕事の内容についていけず辞めていくというのです。

よく聞いてみると、なんと業務マニュアルはなし、退職が続出するため教えてくれる先輩もいないというではありませんか。これでは武装ゼロで魔物に挑み倒れる勇者と同じです。

「これは苦労するぞ……」

不安もありましたが、推し活のためこの職場を辞めるわけにはいきません。

これには事前の勉強が必要だと考えました。勉強するために日中の仕事を早めに済ませたり、定時で帰るなどして時間を確保することが必須です。

こうして勉強時間を捻出するために、前職でも行った仕事にかかる時間の測定を始めました。中途入社後すぐからスタートしたルート業務で回るタイムを1分単位で計測。すべてのルートを試し、どれが最速タイムなのか、遠回りしても時間的にはプラスになるルートはどれかなど、詳細に記録したことを覚えています。

このとき「この信号を何時何分に通過すれば滞《とどこお》りなく終了するか」まで調べました。推し活のため、この会社に勤め続けるという明確な目標があったからです。

▼時間を生かすも殺すも自分次第

先の紆余曲折《うよきょくせつ》を経て、自分は当初の時間の3分の1まで業務時間を縮めることができました。3年目以降の業務に向けて予習ができたことはもちろん、定時で帰れるようになったのです。結果、入社2年目の後半から現在に至るまで、よほどのことがない限り定時帰りができるようになりました。

はじめは仕事の時間を測るという手間が増えるわけですから、最初の数ヶ月はむしろ帰りが遅くなってしまうかもしれません。

また、自分の会社では個人の裁量に任せられる範囲が広かったのも時間短縮に一役《ひとやく》買いました。「私の会社ではできない」と言われることは、想像に難《かた》くないです。

でも、諦めないでください。

自分の場合、仕事にかかる時間を測ることで、自分の成長を記録で見ることができました。最初は5時間かかっていた仕事が2時間になったこともあります。1時間かかっていた仕事は10分に。時間が比較的正確に把握できるようになることで、1日にこなす仕事量もコントロールできるようになりました。今になって振り返ると、自分の成長を無意識のうちに感じて、自信がついていったと思います。

くどいようですが、**本書のゴールは「推し活のために時間を割く」、そのために「残業をせず定時で帰る」ことを途中目標に掲げています。**

最初は「また定時に帰れなかった……」と思うことがあるかもしれません。

今は自信を持ってこの方法をお伝えしていますが、やり始めた当初、「無理なんじゃないか」と思ったときは何度もありました。

日々のルート業務と3年目からの受注業務の差を想像し、不安になることも一度や二度ではありません。1人で受注業務を本格的に行う前に、予行演習を受けた期間は、疲れのあまり家に帰ってスグに布団に入ったことを今でも覚えています。予行演習で得た知識を勉強し、繰り返しレベルアップを図る日々。ひたすらに1人で試行錯誤する毎日が続きました。

朝も少し早く出社し、準備業務が終わってからコッソリと予習。昼食も最低限にして昼休みの余った時間を予習に当てていたのが懐かしいです。

この時期は不安と焦燥が入り交じる辛い時期でした。あれほどどの信号を何時何分に通過すればいいのか調べた道順も、慣れてからは勤務中に車を運転している記憶はほとんどありません。ルート業務を行いながら、受注業務のことで頭の中はいっぱいでした。

ちなみに、受注業務の結末はハッピーエンドですのでご安心ください。

私が先駆者となり、この業務のマニュアルを作成、ノウハウの習得方法を後進へ伝えたので、離職率は著《いちじる》しく改善しました。

これはいける！

危惧していた受注業務は、とくに大きなトラブルもなく最初の１ヶ月が終了しました。自信を持ててからは初めてにもかかわらず、落ち着きを持って受注業務をこなすことができるようになっていました。

これで安心して推し活を行うことができる！

本当の意味で楽しみながらイベントに参加できたのは、この日以降かもしれません。前職から続いていた、仕事で推し活ができなくなる不安からの脱却がこのとき現実のものとなりました。

ここで自分が得た、定時で帰るという途中経過をクリアし、本来の目的である「推し活を全力で楽しむ感覚」をあなたにも味わってほしいのです。

本書でお伝えしたいことの本当の目的はココにあります。

自分自身、取り組み始めた当初は、残業時間を減らすことで精一杯でした。

その頃は、イベントの終わりが近づいて来ると翌日の仕事の段取りで頭が占領されていました。そんな状態だった自分も、**今では仕事が終わった瞬間からイベントでのヲタ芸打ちをイメージし、終わった後も充実感に浸れるほど、推し活を全力で楽しむことができています。**

心に余裕ができてきたからか、オタク友達と食事に行くこと、集まりの場に参加することも増え、多くのオタク友達からイベントの誘いをもらうようになりました。それだけでなく、知らないオタクの方からの情報をいただいたり、SNSでイベントに関することを発信したりと以前の自分では考えられない前向きさも手に入れました。

今取り組んでいる仕事を投げ出すわけではなく、推し活のために業務を圧縮することに全力をかけた結果、手に入れたやり方です。

自分が心折れずに続けられたのは、仕事をこの先も続けたい一心だったことと、残業時間が減っていることを測定記録で可視化できたからだと思います。だから、この方法であなたの残業時間が短くなるなら、それは大成功と言えるのです！

そのためには、まず**「分析」と「仕分け」。得意不得意を見つけましょう。好き嫌いではなく、時間が異様にかかってしまうかどうかがポイントです。**

第2章

定時帰りできる人・できない人の違いは「時間の区切り方」が9割

2-1

早く帰ると決めたオタクは「行動力」が生まれる

▼残業する会社員は二つに分けられる

自分の勤める会社の同僚や友人づてに聞く残業する人たちの様子から、自分は一つの仮説を導き出しました。

それは、残業狙いか、帰りたくない病で残っているか。ほとんどの人はこの二つに分けることができると考えます。

残業なんてできればやりたくないですよね。でも自分がこのように思ったのには、それなりの理由があります。

もしかしたら帰りたくないから、帰らないように仕事をしているのではないか。ある日こういった考えが頭に浮かびました。面白いことに、残業する人たちにはいくつかのパターンがありました。

一つ目は、終業時間後の会社の居心地が良いと感じているということ。

巷《ちまた》のビジネス書を読んでいると、まずは上司が先に帰ることが多くの書籍で推奨されています。そのため残業時間になると、上司やわずらわしいと感じる人は不在になります。すると、残業時間のほうが平和な時間が訪れるのです。

「仕事を静かな状況でやりたい」「自分のペースで仕事をやりたい」という人にとってはうってつけの環境ができあがります。

さらに勤続年数が長い場合は後輩もいるため、目の上のたんこぶがいないこの時間の居心地はさらに良くなります。時間を気にせず仲の良い後輩と雑談をしながらの仕事は、考え方によっては理想的な環境なのです。

二つ目は、上司から言われた仕事には「時間を短くしよう」という気持ちが働きにくくなるというもの。

ある程度仕事に慣れてくると、毎回全力で取り組み最優先で仕事を完了させようとする人は非常に稀《まれ》な存在になります。受けた仕事をすぐに終わらせ提出すると、「これもやっておいて」と次から次に仕事を頼まれるケースが想定されるからです。できる人ほど仕事を頼まれやすい。質が担保されていれば、その人に頼みたくなるのは、上司側の心理として当然発生します。

こういったことが重なると、やりすぎは良くないと心の中で思うことは、人として当然だと思います。こういった観点から、**依頼を受けた仕事はギリギリまで行わない。もし期限が決まっていない場合は、言われるまで放っておくという心理が発生すると気がつきました。**

三つ目は、安定思考に陥るということです。

販売の業務をしていたときのことですが、売上が上がると自ずと接客件数も増えていきました。そのとき、以前に比べると大なり小なりのミスが発生していました。

上司にはこのとき、ミスの数よりもミスの比率を見てほしいと思っていたのですが、そううまくはいきません。

ミスが多いと多くの場合、査定に響く。賞与、給与の額に反映される。それならば今の給料を守るためにチャレンジしない。このような安定思考が生まれます。

言われたこと、自分のテリトリーの仕事をそつなくこなす。安全な働き方を選ぶ。その結果チャレンジしなくなり、行動力が落ちる。そして全力で取り組むことが少なくなり、残業にも抵抗がなくなる。よほど強い気持ちを持っている方、理由がある方は別ですが、そういった方は非常に稀だと感じます。

その他にも、家に帰っても家族との折り合いが悪い。話す相手もいないので仕方なく会社に残っている人。定時後の予定までの時間を潰すためにダラダラと仕事をしている人。ラッシュを避けて電車に乗るためにあえて引き伸ばして仕事をしている人。人によってさまざまですが、こういった理由で残業している人も一定数いることを付け加えておきます。

どんな理由にせよ**30分、1時間と毎日残業し、その習慣ができてしまう。それにより仕事における行動力はジワジワ低下するのだと考えます。**

▼多忙な人が陥る「責務の罠」

これまでにお伝えした事柄がまったく当てはまらないと思われた方、こちらはどうでしょうか。

かつての自分も陥っていた病で、その名も「人に頼めない病」です。

ここでは別名、「責務の罠」と名付けさせていただきます。

販売をしていた頃の自分であれば、自コーナーのすべてのお客様を接客する。在庫整理は自分が出勤のときにすべて1人で行う。本気でそう考えていた時期がありますす。

「仕事はキッチリとやるもの」「中途半端なことはできない」。こういった思いが強くなった結果、仕事をトコトンまで自分一人で抱えてしまい、結果残業が増えてしまう。こういった病です。

これにはいくつかの理由があります。

一つ目は、責任感からすべて自分一人で抱えてしまうケースです。

この罠を抜け出すには「20代のようない働き方はいつまでもできない」と自覚することが大切です。

少し苦い思い出になりますが、接客業時代の出来事をお話しします。入社時研修も終わり、張り切って働いていたときです。人より早く仕事を覚えないといけないと躍《やっ》起《き》になっていました。社会人になりたてで、先述したように長時間労働でしたが、とくに疲れを感じてはいませんでした。

とある日の朝礼、それはやってきました。目の前が急に真っ赤になり、視界が割れるように見えたのです。周りの声はスローモーションで聞こえ、立っているのがやっとの状態。整列して並んでいたため、座ることもできませんでした。時間にして10分ぐらいでしたが、平静を保つのに必死でした。

朝礼が終わると壁にもたれかかり、バックヤードでゆっくりしていたのを覚えています。幸い少し休んだら回復し、その後この症状が発生することはありませんでしたが、このことは深く脳裏に焼き付いています。

その日を境に、自分の体には限界がある。いつまでも無茶な働き方をしてはいけないと心を入れ替えました。もしそのまま働き続けて倒れ、復帰できなかったかもと考えるとゾッとします。一人で抱えがちな方は、自分のような経験をする前に、考えを変えることをオススメします。

もう一つは、人に頼むことで余裕が生まれ、緊張の糸が切れるのではないか？　と感じることです。

あえてヒリヒリする状況に自分を置くことによって、バリバリと仕事をこなす環境にしてしまうのです。

この状況を意図的に作っている人は、余裕があると自分が怠《なま》けてしまう人間だと思っている可能性があります。手が空いてしまった途端緊張の糸が途切れて、そのあと集中ができなくなってしまうのではないか。仕事に向かう気力が湧かなくなるのではないかと不安に駆られての行動かもしれません。

自分も、外部に仕事を依頼する、自分に余裕ができることについてあまり得意ではありません。**そんな自分が人に頼むとき意識しているのは、「『人に仕事を依頼する』という仕事をしている」と思うようにしているということです。**

ややこしいですが、どんなに意識しても自分は「人に頼む」ことができない（不得意）のだとわかりました。しかし、これが仕事の一つだと思えば別です。

そのことに気がついたとき、自分が不得意なことを追求し続けることは合理的でないことを理解しました。**そして仕事だと思うようにしてからは、人にお願いすることが苦ではなくなりました。**

2-2

仕事の期限を前倒しでこなすオタク

▼仕事は「動かせる予定」と「動かせない予定」に分ける

約束していた飲み会の前に、仕事をギリギリまで行っていて遅れてしまった。

行く予定だったテーマパークの予定をドタキャンした。

子どもの幼稚園の迎えが遅くなってしまった。

こういった経験が誰もが一度はあるのではないでしょうか。

自分もイベントそのものに参加できず、チケットを無駄にしてしまったことが何度もあります。

こういうときは本当に後悔し、何日も沈んだ気持ちで過ごすことに……。

ギリギリの予定を組んで行動し、その結果スケジュールに悪影響を及ぼしてしまうのはなぜでしょう。

自分の場合、ついイベントを無理にねじ込んだ結果、予定が破綻してしまっていました。計画そのものを前もって立てることでこの問題はおおよそ解消されました。

でも、きっとみなさんが改善したいのはこんな段階の話ではないでしょう。

スケジュールが狂ってしまうのは、果たして自分の読みの甘さだけが原因なのか。

これは自分のせい（内部要因）だけではなく、他人のせい（外部要因）も見直さないと改善したとは言えません。

スケジュールがズレてしまうのは、内部要因と外部要因のどちらか、もしくは両方が影響しているのが常です。

仕事における外部要因は「動かせる予定」と「動かせない予定」に細分化することができます。これらが組み合わさっているからこそ、予定がズレてしまうのです。

大切なのは、「すべての予定が動かせない」という思い込みを外すこと。このストッパーを外すだけで改善できることがあります。

自分の仕事を例にすると、お客様に商品を購入してもらうという「接客業務」があります。

例えば自分が作業をして進める仕事は、商品DMを作るときにチラシも一緒に作成するなどして短縮ができます。

つまり、これは「動かせる予定」であるということ。

一方、客先への訪問、上司とのミーティングは相手に合わせて時間を確保します。

また、これに関わる資料作成は納期が決まっており、多少の融通は利きますが動かさないほうが無難な「動かせない予定」です。

この動かせる・動かせない予定を的確に把握することで、「仕事がたくさんあって終わらない」という沼から抜け出す希望が持てます。

今度は、次に従事した「受注業務」に当てはめて考えてみます。四六時中電話がかかってくる業務だと認識されていましたが、分解してみると実際は違っていました。電話が集中する時間、時期が存在します。これがわかればどこで受電以外の業務をこなせばいいかがわかり、無駄な残業をせずに済みます。

また、毎月の振り返りを怠らず、常にやり方を見直す。その結果、短時間で成果を上げることができるようになりました。

もちろんすべての方の仕事が理想通りに進んだわけではありません。効率化を重視するあまり、折り返しの電話が遅いと客先からお叱りをいただいたり、業務量の見積が甘くて後に回した仕事が多くなり、残業になってしまうこともありました。

思い込みを外すには訓練が必要です。受注業務も「受電で時間を取られ、息をつく暇もない」と先輩や同僚に散々言われていました。しかし、そのままでは毎日残業確定のため「それでは困る！」と徹底して分解と改善を図ったのです。

先入観で思い込んでしまった制約に縛られ、身動きが取れなくなっていることがあ

るかもしれません。

「最初に職場で習った方法がこれだった」
「以前この方法でやったら失敗した」
「やりはじめはこの方法でうまく行っていたのに最近はイマイチ成果が上がらない」

こういった場合は、思い込みをしてないか一度見直してみてください。

人間は無意識に決めつけ、思い込みをしていることが多くあります。しかし、実際はベストだと感じることにも疑問を持ち、改善を行い続けることが大切なのです。

会社のシステムが変更され、以前は時間がかかっていたやり方が、短時間で行えるようになったり、上司が代わり新しいやり方のほうがうまくいったり。外部要因が変わることで改善される状況は、働く上で幾度となく経験してきました。

あなたも、子どもができたばかりのときは手がかかっていたことも、学校に入学することで付きっきりでなくてよくなった、支社勤務のときは通勤に時間がかかっていたけれど異動になり、通勤時間が少なくなったなど変化はないでしょうか。

いい変化ばかりではないかもしれないですが、違いを見逃さないでください。

▼究極の逆算思考

ここまでお伝えした「思い込みを外す」。このループから抜け出せればしめたものです。スケジュールの前倒しへのハードルは一気に下がります。後はどうすれば効率が上がるのかをひたすら考え、実行するだけです。

そのためには、第１章で探した得意・不得意の自覚が役に立ちます。

スケジュールの前倒しを行うには、自分のことを理解していることが大前提になります。得意なことは労力も時間も少なくこなせます。そして不得意なものはその逆であることが多いですね。

時間配分を考える方法は人の数だけあると思いますが、自分は「逆算」で今のルーティンを掴みました。

前倒しを意識するようになったのはルート業務時代に遡ります。その当時、ルート業務を終えて会社に戻ると、梱包業務を行っていました。運送会社の締め切り時間内に商品を箱に詰めて出荷するという業務です。

このとき、大きな荷物を時間をかけて丁寧に梱包する一方で、小さな商品を手早く梱包し数をこなすという工程がありました。ルート業務に就くまで梱包作業はあまり行ったことがなかったのですが、1ヶ月もすると大きな商品を梱包するのは緻密《ちみつ》な計算と手技が必要で、小さな商品はあまり技術がいらないことに気がつきました。

そのとき行ったのは注文の有無にかかわらず、小さな商品は事前に緩衝材を先に詰めて準備を前倒しで行っておくという方法です。これで、梱包するタイミングになったら封をするだけでいい、という流れを作りました。

それまでは大きい、小さいに関係なく、注文された1個ずつ梱包することが定石とされていましたが、事前準備のおかげで余裕が生まれました。

手が空いたときに大きな商品の準備も行うことができ、ルート業務から帰ってきてからの梱包時間が短縮されました。

ここでお伝えしたいのは、もう一つ。体力の使い方についてです。

いつ、どこで自分のHP（ヒットポイント）を消費するか、常に頭の中に入れておく必要があるということです。

これは業務内容が変わった今でも常に意識していることです。**残念ながら人間のHPは無限ではありません。**得意な内容は深く考えなくても手が勝手に動き、多くの数を処理できたという経験はあなたにもあるかと思います。

こういった仕事のとき、HPはそれほど消費しなくて済みます。

逆に新しい仕事、不得意な仕事、難易度の高い仕事においてはたとえ短時間であってもHPの消耗は激しいものです。

HPの減りが少ない仕事ばかりだといいのですが、そうではありません。ときには上司、取引先からHPを多く消耗する仕事が集中して飛んでくる日もあるでしょう。また推し活が思ったより楽しくて、HPが回復しきれないまま出勤した日。ついつい夜ふかしして寝不足の日。こういった喜びによるHPの減少も発生します。

こういった状態のときでも定時に仕事を終わらせるためにはHPの管理、自分自身

の把握がとても大事になってきます。


今日は5分早く作業をまとめられた。

終業のベルを余裕をもって聞くことができた。

最初はこんな些細な成功から始まります。

前倒しが実現すれば余裕ができ、遊びの時間ができます。その時間に業務内容の見直し、効率化に必要な資料の作成を行うことで、さらなる前倒しができ、効率化に拍車がかかります。だんだん、業務の時間を短縮することが快感になってくるのです。

そのためにも前倒しできる業務、動かせる予定はどんどん動かしてみてください。

2-3 1日を5分割して落とし込む

▼使える時間を5分割にして「見える化」する

仕事において時間の分析を行い、思い込みを外し続けると、時間に対する考え方が変わっていきました。

ヲタ芸をするトレーニングを毎日行うようになりました。

ヲタ芸をやり始めの熱量が高い時期に留まらず、トレーニングはやり方や時間のかけ方は違えど16年経過した今でも行っています。

これを続けていて一番大きな収穫だったのは「仕事の後は疲れる」という思い込みが外れたことです。

どうすればヲタ芸のキレが上がるか、長時間イベントでヲタ芸を行ってもバテないかを真剣に考えたことで、気持ちはポジティブになります。疲労感やネガティブな気持ちはほとんど出てこなくなりました。

日々仕事を終わらせることに注力し、自分の目的とするオタ活での成果に目を向けることで、これらの思い込みは自然と外れました。

トレーニングに取って代わる推し活はいくらでもあります。

子どもと一緒にいるための時間をどう伸ばすか、資格勉強の時間の確保、家族との団らんを優先するためにするべきこと。

その気持ち、課題を持つことで仕事の時間が過ぎるのは早くなると感じます。

ただ漠然と1日が早く過ぎるよう、目標を持つだけでは、実現までの道のりは遠いです。

そこで自分が習得したのは、1日を5分割にして考えるということ。9時始業の会社員のため、次のように1日を5分割して考えています。

①朝イチ（6〜9時）
②午前中（9〜12時）
③お昼休み（12〜13時）
④午後（13〜17時）
⑤定時後（18〜20時）

1 朝イチ（6〜9時）

この時間は非常に頭が冴えており、重い負荷がかかる内容に取り組むのに最適です。

自分の場合は推し活の予定を決めて予約を行ったり、ブログを書いたりしていました。

元々優柔不断だったので、予定を決められないことが多かったです。そんな自分でも、朝イチの時間に行うことで、悩むこと・決められないことは少なくなりました。

子どもが早起きならば、一緒に起きて朝食を食べる。一人時間に使えるなら、推し活で購入したアイテムの整理整頓。

この時間は知人や近しい人が起きていないことが多く、LINEなど通知が入ることが少ないです。そのため、集中できる時間帯にもなります。資格の勉強を行うなど普段億劫なことを行うのにも最適な時間です。

2 午前中（9〜12時）

この時間の仕事は負荷のかかりやすい仕事、不得意な仕事を行うのに向いている時間帯です。

自分の場合、この時間にその日行うべきタスクをできるだけ終了させるようにしています。早く終わる得意な内容をこなし、午後は不得意な仕事にじっくり向き合うという方法もあります。自分にあったやり方を見つけてみてください。

3 お昼休み（12〜13時）

個人的にオススメな過ごし方は、軽く運動をすることです。

以前はスマホを見たり、食事は手早く済ませ仕事に戻ったりしていました。早く帰りたいときなどは、この時間を活用し残業しないように調整していたのです。

しかし少し余裕があるとき、会社でもできるトレーニングを10分行ってみました。といっても、ストレッチや軽いスクワット程度です。それでも終わった後、気持ちがリフレッシュされ、それまで憂鬱《ゆううつ》だった午後の仕事でも集中力を発揮できるようになりました。

自分の場合はたまたまトレーニングでしたが、一人ひとりに適したリフレッシュ方法があると思います。公園を散歩する、外で食事を食べ、同僚と話すなども良いでしょう。

大事なのは仕事をやり続けるのではなく、一度違う景色を見るということです。この時間は自分に合ったリフレッシュ法を試してみてください。

4 午後（13〜17時）

打ち合わせや軽めの作業を行うようにしています。午前中に行った重めの作業を見直して、提出・完成させる時間にも向いています。

自分の場合、転職をして、平日は月~金曜日の勤務体制になりました。このとき気がついたことは、5日連続して働くことで午後や週の後半は疲れが溜まりやすくなるということです。月曜日の午前中はキレ良く行えていても、週の最後、金曜日の午後になると疲弊することが多くなりました。

これを防ぐことは難しいですが、午前中に難易度の高い仕事を行い、午後は軽めにするルーティンを回すことで、以前に比べると金曜日の午後でも集中力は残っている状態になれました。

5 定時後(18~20時)

疲労も溜まりますが、推し活の確認や準備に適した時間帯です。

自分の場合は長年トレーニングに費やしてきましたが、それ以外にも体のケアとして接骨院に通うことも続けてきました。それだけでなく、コロナ禍《か》で自習することを覚えたためこの時間は読書・動画による勉強に充《あ》てています。

自分は午前中にアウトプット、夜にインプットを行うことが体に対する負担も少なく、継続が容易だと感じます。

家族と過ごす時間が何よりも推し活だという方は、「定時後」の時間を充てるのをオススメします。平日から推し活ができるのは素晴らしいことです。それ自体がリフレッシュになり、翌日以降の仕事に対するモチベーションにもなるでしょう。

この5分割でも「動かせる予定」と「動かせない予定」を加味して時間を算出しています。生活に必要な時間・食事やお風呂・身支度の時間が、どのくらいかかるかを把握し、それを除いた枠内で集中して一つひとつのことに取り組む。

このやり方にしてから、集中力は増進しました。最大限の集中力を発揮できる状態を意識してみてください。

▼HPのコントロールでストレス減を狙う

5分割時間割が作成できたら次のステップです。時間割を元に、仕事ややりたいことをどこに割り当てるか考えてください。

割り当てる際に注意点がいくつかあります。

一つ目は、集中力が必要な業務内容は最優先で固定することです。

まずは優先度を決めましょう。

例えば自分は、受注業務の中でも午前中は売上処理を行うようにしています。受注業務の流れとして、午前中の朝イチの時間が一番注文に関係する業務が集中しており、ここに全精力をそそぐことで売上が大きく伸びるのがその理由です。そのためこの時間に売上に直結しない見積作業、精算などの事務処理を行うことは、時間効率から考えてもったいない行為なので、行わないようにしています。

重要度の高い業務を午前中の一番集中力のある時間に行うことで、時間の短縮だけでなく結果にもつながることを実感したため、採用しています。

二つ目は外部要因に対する対応は時間を決めて行うことです。

それほど重要ではない折り返しの電話やメールの対応。依頼された業務でも比較的時間的拘束がないものに関しては、取りかかる時間を決めてそれまではやらない。

例えばメールは、今の自分の業務内容であればそれほど重要度は高くありません。

そのため、メールでの返信は午前中の最後に行っています。

電話においても内容がおおよそ理解できるもの、よほど急ぎと言われていない場合においては、業務開始1時間後までは取り合わないようにしています。

自分の会社での最優先事項は、売上を上げること。電話・メールは優先度が高くないため、このやり方に辿り着きました。


自分が得意ではない業務、時間がかかる業務を無計画に行うと、先述したHPが削られたり集中力の低下を招いてしまいます。自分の能力を最大限に発揮するためにも、不得意な業務は時間をかけて行うことが大切です。


あなたも昼休みに推し活の予定を組んだり遠征の宿泊先の予約を行う時間として使用できる日がくると思います。

この時間の使い方ができたときには、時間割の項目は最大限に活用できている状態だといえるでしょう。

推し活の継続において、細かな雑務を毎回行うことは大切なことです。参加したいイベント・施設の予約は熟練した人でも頭を使い、億劫になるものです。自分は今でこそ早めの予約、イベントの決定を行えるようになりましたが、以前は非常に時間がかかっていました。

ここを怠ると、思った以上に離れた場所で宿泊になってイベント当日に余計な時間がかかったり、宿泊費が一番安い時期を逃したりすることにもなります。

幸いにも今はスマホがパソコンと変わらないレベルで使用できる時代です。

これを活用しない手はありません。自宅では荷物の準備など、自宅でしかできないことを行い、外でもできることはその時間を最大限に活用する。

これにより自宅でも時間が作れ、生活に余裕が生まれます。

昼休みも推し活に使う発想が持てれば、あなたも立派な推し活マスターです!

2-4 「3時間の全集中」が肝

▼導き出した黄金の時間配分

時間術の本を何冊も読んでわかったこと。それは、**「集中力が維持できる時間」が最も重要でありながら、時代によって書いてある内容に違いがあり、また人によっても違うということです。**

これからお伝えするのは、会社員として働いている中での自分の経験に基づく集中ルーティンになります。

自分は、45分＋15分＝60分×3の「3時間ゴールデンタイム」を導き出しました。

これが集中力を維持できる一つの大きな区切りになります。

以下にその理由を解説します。

会社員の多くは、9~17時の勤務の働き方がベースになります。そして、ほとんどの会社は昼休みを挟んで午前中、午後で分けることができます。

まず、午前中に焦点を当てると、9~12時の3時間が最初のゴールデンタイムとなります。

自分はこの中でどこまでが集中して行える範囲なのかを試しました。連続して業務をやりすぎるとミスが多くなる、心理的にストレスを抱えると余計なことをやってしまう、こういった基準で分解しました。

その結果、45分というのが一つの目安になりました。この時間を超えて業務を行うと、イライラしたりミスが多くなりました。逆に40分だと調子が良く、今やめるのはもったいないと感じます。故に45分で席を立ち、小休憩を取るようにしました。

お手洗いや飲みものを補給し、インターバルを含めると15分となる。これを3回繰り返せば昼休みとなります。

昼休みにはトレーニング、ブログを書くなどをすると意識が仕事とは違うものに向きます。昼休みの1時間を終えると朝の状態までとはいきませんが、頭がスッキリし、午後の業務に取りかかれるようになりました。

これが個人的にオススメする3時間を1区切りとした時間配分となります。思い返してみると接客時代の休憩は45分と15分に分けて取得するようになっていました。朝のシフトの場合は、だいたい13時までに45分の休憩。その後15分の休憩。この2回になっていたのも、3時間の区切り方に影響しているかもしれません。

3時間のゴールデンタイムの中にある「集中スポット」

また3時間のゴールデンタイム以外にも**「集中スポット」**があります。

一つ目は、**朝6時から7時**の1時間です。

以前は通勤時間が長く、睡眠時間を削りがちな生活でした。朝もギリギリまで寝ていて、10分で身支度し家を出る有り様。そんな自分がたまたま目にした時間術の書籍で、「会社員こそ朝活が有効」という文章に心が惹かれました。はじめは起きても意識が薄く、何も考えられませんでしたが、3ヶ月もするとスッと起きられるぐらいに変化しました。

その時間にブログを執筆したり、億劫に感じる作業を行うと、これまでにはない手応えがありました。

スラスラと作業できる！

これ以降、朝活の虜になり今も継続しています。さらに作業効率を上げるには「瞑想」もオススメです。

瞑想を朝イチに行うことで集中力が向上しました。時間にして10分程度ですが、寝床から起き上がるとすぐに行っています。10分瞑想を行うだけで頭の中はスッキリとし、ブログのアイデアが次々と思い浮かぶ。推し活の予定を立てるときにも躊躇することなく決断することができるなど効果は抜群です。

二つ目は、仕事場における**朝9～10時**の1時間です。

この時間は仕事における3時間の区切りの中でもとくに集中力が高いと感じます。9～10時の1時間に一つでも多くの業務を行うことを意識しています。この間により多くの処理を行うことで仕事の売上が変わったのです。全体的な作業が前倒しに行えるようになり、結果残業せずに帰れる一因にもなりました。

さらに、後の時間に余裕を持って過ごせるので突発的な対応を求められても柔軟に対応ができます。

自分がこの時間帯に意識していることは、電話、メールなど自分でペースをコントロールできないことはなるべく行わないことです。これらは時に多くの時間が割かれることがあります。

メールは確認してしまうことで、そのとき心配しなくて良いことを気にしすぎてしまう、内容が気になり集中力が削がれるということがしばしば起こり得ます。

よほど急ぎの内容や対応を迫られることは早々発生しないものです。1時間メールを見なかったことで悪化するようなトラブルは電話がくるはず。どっしりと構え、メールは10時以降に時間を決めて見る。自分は、電話も決めた時間以降に折り返すことをしています。

業務内容や会社にもよりますが、これまでの経験で朝イチから重篤な内容になったということはそうありませんでした。

はじめはうまくいかなかったり、ついスマホやメールのアプリに手が行くことはあると思います。電話がかかってこないかとソワソワすることもあるでしょう。まずはマナーモードにしてみる。30分、メールのアプリを立ち上げないことからはじめてみてください。そしてその間の集中力を感じてみてください！

また仕事だけでなく、9～10時の時間は休みの日にも活用できます。家庭でやらないといけない億劫な作業。役所での手続きや普段やらない場所の掃除。難しい作業が比較的軽い負担で行えるようになります。

それだけでなく、疲れている方はこの1時間をダラダラすることも、非常に効果的です。

これは睡眠時間という意味ではなく、十分に寝た上であえて「ボーっとする」という意味です。

このやり方を試したのは数年前に遡ります。眠気は取れたのに頭の中が整理されていない土曜日の朝でした。イベントもなく取り立ててやることもないのですが、どうもスッキリしない。このとき、自宅のイスに座りボーっとする。テレビ、スマホやパソコンはつけずに何もしない。1時間心に色々な考えが思い浮かんでは消えていく……。そろそろ思い浮かぶこともなくなった頃には頭もスッキリとし、精力的に活動できるようになりました。

今でも休みの日、眠気はないけれど、脳が疲れていると感じたときは、テレビもスマホも見ずに部屋でボーっとするようにしています。

▼自分の集中リズムを見つける

今お伝えした3時間の集中時間ですが、その内訳はご自身の集中リズムによって変えることをオススメします。

会社によっては30分ごとにリフレッシュタイムが設けられ、音楽が鳴るような会社もあるそうです。打ち合わせが一日に何件もあるような働き方であれば、打ち合わせごとに集中できるゴールデンタイムを見つけないといけません。

集中のリズムを身につける期間は人それぞれ。早い方は1ヶ月でもできるようになる人もいれば、1年かかる方もいます。

20年以上歌手をされている方でも、新しいステージやそれまで歌ったことのない業界での営業は、毎回緊張されるそうです。ベテランでも難しいのです。ここは焦らずに取り組んでみてください。


そして集中のリズムを見つけたら、その時間をどのように使用するか。

これが最も大事なことになります。

5分割した時間帯にどのように当てはめるかの答えは、一人ひとり必ずあります。

第1章で仕事の得意・不得意の仕分けができているあなたなら大丈夫。

自己分析を行った内容を活用し、会社の状況、自分の精神状態を加味してベストの時間配分を計画、実行してみてください。

第3章

定時帰りの基本は「デスクトップの整理」から

3-1 オタクがデスクをきれいにしている理由

▼自分に期待しない

職場には2種類の方がいます。

好きなものを机に置いて仕事をしている方と、余計なものは徹底的に排除する方（本書は何でも二分しがち）。

例えば野球選手のカードをデスクに飾っている、使用しているマグカップは推しのライブグッズ、職場の卓上カレンダーは好きなキャラクター。老若男女を問わず、こういった方を数多く見てきました。

「見ているとやる気が出る」「疲れたときに癒される」「逆境のときのモチベーションになる」など。これはすごく素晴らしいことです。

自分の場合は違います。

「好きなものが視界にあっても集中できる自分」への期待を捨てたからです。

もう一方「余計なものは徹底的に排除する」に所属する自分の場合は、好きなものがあるとどうしてもそちらが気になってしまいます。

今日仕事が終わったらイベントがある。そういったときもイベントの予定表やXの告知を見てしまうと、目の前に集中できなくなってしまいます。

業務がデジタルに切り変わった頃。それまでは受注書類が机を占領していたものが、パソコン1台になりました。

そのとき、**机の上に物がなくても仕事ができるということ。さらに物が少なければ少ないほど仕事が捗るということを発見したのです。**

パソコンのフォルダ内に受注のFAXはきますが、10枚あろうが、20枚あろうが山積みになることはありません。そのため、以前のように乱雑になる机の状況にストレスを感じることはありません。

結果、1枚1枚の受注業務に専念でき、集中力は格段に上がりました。この状況を半年も繰り返すと机の上に何も置かれていないことが当たり前になり、仕事中、昼休みに何気なく机を見てもげんなりしたり集中力を削がれることがなくなりました。

さらに**きれいな机の上を維持することによって仕事中に自分と向き合い、「これしかやることがない」という気持ちになれました。**

色々な物が煩雑に置かれている状況では、「これだけ仕事があるのは自分のせいではない」という後ろ向きな気持ちになることが多くありました。

しかし、きれいな机の上だと仕事を自分から取りに行く、自ら行っているという前向きな気持ちが芽生え、より一層仕事に励むようになり、効率よく業務を行えるようになっていました。

推しのグッズを置くという行為は、自分にとって一種のドーピングに当たります。

推しの姿を見て頑張ろう。これを目にしてリフレッシュするぞ。そのようにモチベーションを上げる方法もあります。

これは自分がこちら側に属しているが故のひいき目かもしれないのですが、これまで見てきた人で机がきれいな人、物が少ない人ほど残業時間は少なく、早々と帰る人が多い印象があります。逆に机に物が多く、書類が乱雑になっている人は会社に残りがちです。机の上のグッズや物が少なくなればなるほど、集中力が上がり、残業時間は少なくなると感じます。

▼デスクトップに規則性を持たせる

自分の仕事用のデスクトップパソコンには、アイコンが25個並んでいます。これは受注業務が多岐に渡り、画面が3面あるためです。1面当たりは8個しかないのでそれほど多くはないと感じます。サイズはすべて小サイズで表示しています。あなたのデスクトップはどんな状況ですか？　画面がすべてファイルで埋め尽くされていることはありませんか？

これは前項で説明した机の上が整理されていない状況と同じです。

デスクトップも机と同様に、アイコンの少なさと仕事の捗りは比例すると考えてい

ます。

自分がデスクトップで行っている整理方法は、アイコンを小さくするだけではありません。

整頓方法を４つご紹介します。

1 アイコンを小さくする

このメリットは、なんといってもデスクトップを広く使えることです。デスクトップも机の上と同じく忙しい時期、多くの仕事が重なったときは煩雑になりがちです。自分も一時的にアイコンが10個ぐらい増えることがあります。

繁忙期にアイコンが増えても画面スペースに余裕を持たせるため、常にアイコンは小さく表示しています。整理整頓、削除した後の状態を普段から維持するためです。

もしかしたら小さくて見えづらいかもしれません。でも大丈夫です。はじめは小さく見えていたアイコンも、３ヶ月もすればその大きさには慣れてきます。力技ではありますが、ここは騙されたと思ってやってみてください。

デスクトップのアイコンの置き場所イメージ

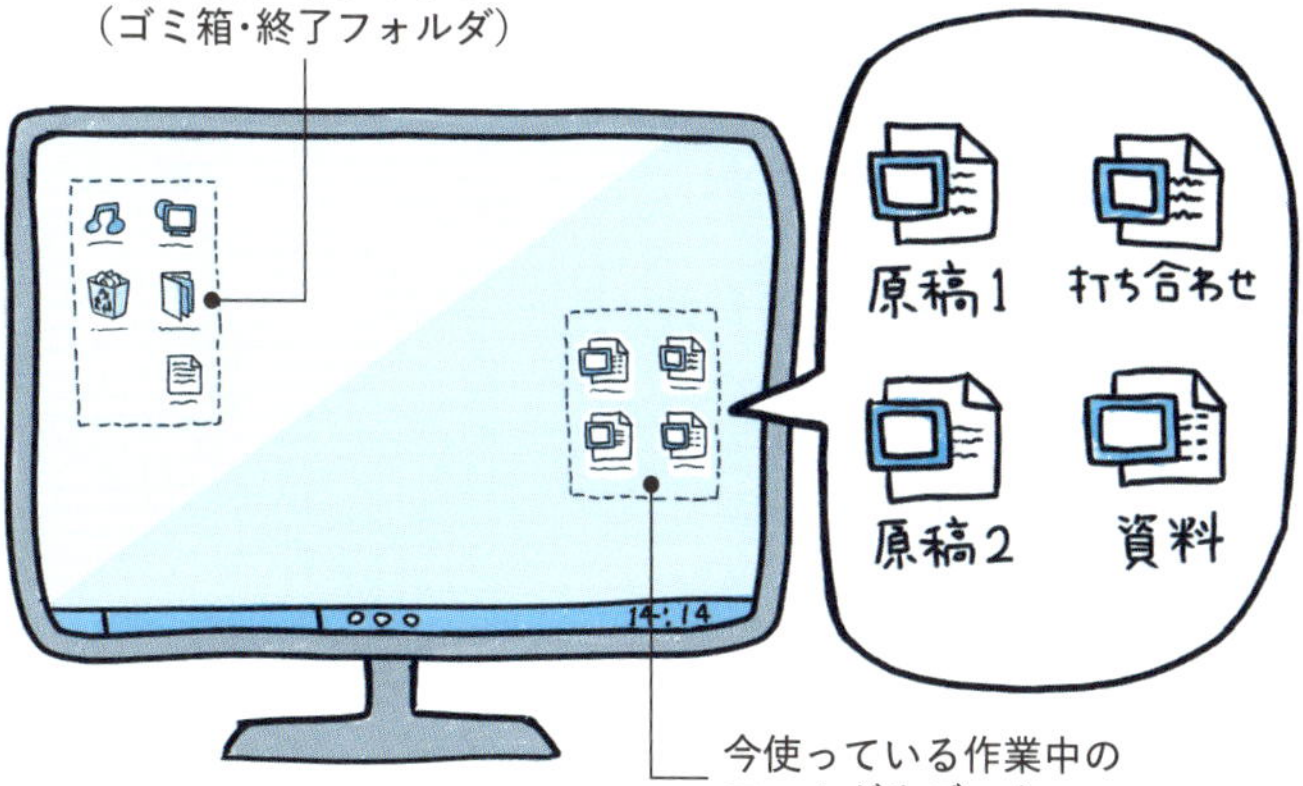

2 アイコンの置き場所を決める

そのとき行っている仕事データをデスクトップに置く方は、アイコンの置き場所を決めることをオススメします。

自分の場合、よく使うアイコンは左上に、今行っている作業のアイコンは右側に置くようにしています。左上のゾーンにはゴミ箱、「終了フォルダ」などを置いています。

ブログを書いたりイベントの情報を整理したりする自宅のパソコンもこの配置です。

私は右利きですが、デスクトップ上でよく目が行く場所は左側です。逆に右側はそれほど意識が向かないため、気がついたらフォルダが右側に溜まりがちになります。これを利用し、右側には現在進行中の項目を置いておき、終了すればフォルダに入れるようにしています。

このように、自身の利き手、目が行く位置をベースに配置を決めましょう。

大切なのは置き場所を決めたら、それを忘れずに継続することです。

自分の場合、やりはじめた当初はデスクトップの配置を手書きしたメモ紙をモニターに貼り付けていました。アナログな方法が覚えやすかったからです。

3 終了フォルダの作成

「アイコンの置き場所を決める」で先述した「終了フォルダ」の作成をオススメします。

「終了フォルダ」と「ゴミ箱」の役割は別にしています。残しておくものは「終了フォルダ」へ、削除して良いものは「ゴミ箱」へ入れます。

終了フォルダは読んで字のごとく、終了した画像、ワードファイル、エクセルファイルなどを入れるフォルダです。ブログ作成時に使用した画像、データは次回以降も使用する可能性があるため、いつでも見られるようにこれも収納しています。一定期間残しておくためにデスクトップに置いておくには量が多く、画面が埋まってしまうのを防ぐために作りました。

フォルダは、終了フォルダ→年ごとのフォルダ→カテゴリ別の階層で分け、保存をしています。

4 終了フォルダの中を週に一度整理する

終了フォルダを作成することによりデスクトップはきれいになりますが、容量は使ってしまいます。そのままではファイルでいっぱいになってしまうので、毎週一度整理するようにしています。仕事のパソコンだけでなく、自宅のパソコンも同様です。

一時的に置いておくことでそのファイルが本当に必要かを冷静に考える時間ができ、無駄なファイルを残すことが少なくなります。終了フォルダに入れる際、ファイル名を付けておくと探す時間も少なくなりますね。

「なんだ、そんなことか」と思ったそこのあなた。デスクトップはきれいにできていますか？

デスクトップが半分以上埋まっているあなた、デスクトップの住み分けをしたことがありますか？

『気がつくと机がぐちゃぐちゃになっているあなたへ』（リズ・ダベンポート〈著〉、平石律子〈翻訳〉、草思社）によると、人は年間150時間を物を探すことに費やしているそうです。

あなたはパソコン上でデータを探す行為を1日に何回行っていますか？

自分は元々「あの予定どうしよう」と悩むことが多かったので、ファイルや物を探すのにも時間をかけてしまうとそれだけで疲れてしまうのです。

朝にブログを書いていて、画像ファイルが見つからず出勤時間がギリギリになったこともあります。

また、新規業務がスタートするときに真っ更な状態で始められるので、立ち上げがうまくいったことが多数ありました。物を探すことに辟易《へきえき》されている方、今デスクトップがアイコンだらけになっている方はぜひ活用してみてください。

▼物を減らすと時間が生まれる

今でこそデスクトップを整理したり、持っているものは必要最低限で行動している自分ですが、かつては収集癖も相まって自宅は物であふれていました。

そんな自分がコロナ禍をキッカケに断捨離を決行したのです。

今でも忘れない2020年、2月。楽しみにしていたイベントが中止になりました。次があるとタカをくくっていたら、あれもこれもイベントが中止になっていく。気がつけばイベントに参加していない期間が3ヶ月も続きました。

何かしなければ！

それまでイベントに注いでいた行動力を、自分を整えるために使用することにしました。このおかげで断捨離に成功したのです

この経験を経て気づいたことは、手元に物がなければそれのことを思い出すことも

ないということです。

例えば、友人とマンガの話をしていると、「その本、家にあるな」と思考を巡らせることがあったり、買い物に行ったとき「あのDVD、家にあったかな」と思うことがありました。

これは先述したデスクトップをきれいにするところにも通ずるところで、会社だけでなく、自宅内でも物を探す時間の削減につながります。

これ以降、**趣味の物だけでなく、一番先生としての衣装や道具、衣服、食器など生活に関する物は必要な分だけを持ち、必要な物だけが目に入るようにしています。**

イベントの衣装はスーツケース一つにすべて入れ、パッと選べるようにする。仕事やプライベートの服も1週間着回せるだけの必要最低限しか買わず、仕事のときは支度時に目に入るように置いておく。

これを行う前は、何を着て行こうか出勤で毎日服を選ぶ時間がかかっていたのですが、大幅に削減することに成功しました。

本は、今読む本を2冊だけ部屋に置いておき、読み終わったら所定の見えない場所に置く。3ヶ月に一度処分、もしくは売却。これをやるようになってから読書量が多くなり、その分知識量も増えました。

職場のデスクのように、自宅の中から余計なものがなくなったことで、時間の浪費もなくなったのです。

おかげで仕事が終わってからすぐトレーニングをしたり、動画を見て勉強したりすることが捗るようになりました。

それだけでなく趣味であるゲームの練習もできるようになり、生活にも張りが出てきました。そういった楽しみが増え、さらにイベントでも全力を出せるようになりました。

物を減らすことは、時間を生むだけでなく副産物が多くあります。ホコリをかぶっている本や趣味の物。いつか使うだろうと思ってから数年経過している物が自宅にないでしょうか。ぜひ一度自宅を見渡してみてください。

3-2 できるオタクは1Kに住む

▼コロナ禍で試したホテル暮らし

新型コロナウイルスが世界で蔓延《まんえん》した2020年までは、職場から1時間半かかる場所に住んでいました。毎朝通勤ラッシュとの戦い。電車で座れるかどうかが朝の重要項目でした。ホームにいる人を観察し、混み具合から座れる車両を探す日々。通勤時間だけで毎日往復3時間が削られるので、自ずと睡眠時間が減っていました。帰りはヘトヘトになりながら電車で睡眠を貪《むさぼ》る日々。

そんな日が続いていた中でのコロナ禍。イベントも少なくなり遠征もなくなったのですが、ホテルの予約サイトを見ていると、とあることに気がつきます。

それは、ホテル代が異様に安いということ。

それまでイベントに通っていた経験から、日本のホテルの相場は頭に入っていました。それぞれの地域に常宿を持っていましたが、それらがこれまでに見たことがないレベルの低価格。それにも関わらずどこも空室が目立ちます。あわせて2019年頃から民泊が少しずつ世の中に浸透していました。そのため1泊2泊に留まらず連泊を推奨する動きがあり、その予約に特化したサイトも現れていました。

1ヶ月、もしくはそれ以上の連泊ができることを知り、色々なホテル・民泊を検索しました。すると職場から1駅、2駅ぐらいの立地で1ヶ月借りても4、5万円というありえない低価格のホテルが山のように出てきたのです。

この価格には電気代・ガス代、その他諸経費も含まれており、いかに安いか十分に伝わると思います。

イベントでの遠征も少なくなり、何かしたいという気持ちもありました。通勤時間がなくなればもっと効率よく色々なことができる。

「とりあえず1ヶ月ホテル暮らしをしてみるか」

というわけで、ホテル暮らしをやってみることにしました。6月の少し暑くなった日だったことを覚えています。スーツケース2個にすべての生活用品を入れ、移動したことが昨日のことのようにありありと思い出せます。

毎月引っ越しを行い、ホテルを転々とする生活のスタートです。

1ヶ月単位にした理由はいくつかありました。一つには1ヶ月以上だと金額が急に上がるシステムに気がついたこと。二つ目に選べる件数がかなり多かったことです。数件しか条件に合うところがなければ、毎月変えることはしなかったのですが、職場から近いという条件だけでも100件以上ヒットし、ずいぶんと悩みました。

中には30日で3万円代というホテルもあり、1日1000円を切るような部屋も。間取り、立地、リフォーム状況も色々なものがありました。

7ヶ月で7箇所を転々としましたが、その中でも記憶に残る場所をいくつかご紹介します。

ホテルAは新大阪駅から徒歩30秒の民泊です。

ビルの1室で事務所として使われている方が多かったのですが、自分の泊まった部屋はベッドにテレビなど、ひと通りの設備が設置されており、有線でのインターネットも引かれていました。

窓を開けると新幹線が見え、立地は最高！ イベントに参加する際も始発に乗るときは非常に助かりました。部屋の階数も14階にあり、ある種、タワマンに住んでいる気分も味わえました。部屋の広さは1LDKあり、価格は5万円台と非常にリーズナブルでした。


ホテルBは大阪の動物園前駅徒歩5分の民泊です。

駅からの立地も良く、日本橋のイベントにすぐに参加できるのは個人的に大きなプラスポイントでした。とあるイベントに出演者で参加したときなどは、着替えに一度帰っても余裕がありました。

南海電車も近いため、関西国際空港へのアクセスが良く、飛行機に乗るときも常に便利でした。入口はオートロックで、部屋も10階にあり静か。広さも1LDKでインターネット完備。これで価格は4万円台という破格の条件でした。

ホテルCは十三《じゅうそう》駅から徒歩1分でした。

ここはなんと1軒家まるごとの貸出。その広さは1人では持て余すレベルでした。ファミリー旅行者向けの貸出のためベッドは6つあり、その日の気分でベッドを変えていました。

部屋も寝室が2室にリビングにキッチン。細長い作りでしたが、平米数はかなり広かったことを覚えています。最寄り駅、繁華街からも近いため、買い物も非常に便利でした。梅田駅からも近いのでイベントへのアクセスも良好。少し行けば新大阪駅が近かったのも個人的にはプラスポイントでした。

▼タワマンで自覚した自分のスタイル

最後に紹介するホテルD。これはなんと新築タワーマンションで部屋も12階でした。

宿泊した年にオープンしたマンションで、部屋に泊まったときには新築特有の匂いがしていました。広さは1LDK。テレビもモニタースタンドについていて、インターネットも完備。なんば駅徒歩5分に立地しているのでどこに行くにも便利でした。最新のタワーマンションだけあり景色も素晴らしく、夜景を見ながら楽しんでいたこともあります。

マンションの1階には宿泊者用に用意されたコミックが1000冊置かれており、毎晩の楽しみになっていました。これで価格は6万円。今では絶対に泊まれない値段です。

この暮らしはコロナ禍の終息により、ホテルの価格が高騰したことで終わりを迎えました。**駅チカ、タワマン、一軒家など色々な住まいを経て、最終的に1K・風呂トイレ別の部屋を選びました。**

広くなくても問題ないと感じた理由はいくつかあります。

生活の中で使用する部屋はそんなに多くなくていいということ。

ホテル暮らしをする前、断捨離を行って部屋が広くなりました。部屋はいくつもありましたが、自分が使用していた場所はトレーニング場（自作）、寝る場所（ベッド付近）、机周辺（パソコンの前）の3ヶ所だけでした。

コロナ禍が長引き、半年、1年経過してもその状況は変わりませんでした。同じ場所しか使用していないと、広い分移動することが億劫に感じました。しかし、掃除は行わなければならず、手間と時間を取られていると感じました。

二つ目の理由は物が増えなかったことです。

断捨離を行ったからといって物を増やさないという決意をしたわけではなかったのですが、幸いにも増えることはありませんでした。むしろ無駄な物が目につくようになり、さらに物が減っている状況さえ起きていました。気がつけばよく使用している場所の物もほとんどなくなり、スペースが余るようになっていったのです。

実は、自宅は広くなくてもいいのかもしれないと思ったのは、ホテル暮らしを始める前のことです。このような思いが浮かんでからホテル暮らしをして、この予感は確信へと変わっていきます。さまざまな住まいを試す間に、どういった配置が良いかを考えたり自分の好みを把握することができました。

とくにタワマン、新築、一軒家などの体験ができたのはすごく大きかったです。

一般的にはタワマンの高層階で得られる満足感や新築の清潔感を優先されがちですが、**自分がほしかったのは使い勝手の良さだったと気づけたからです。**

これらを踏まえて、どこに住めばイベントに行きやすいのか、仕事との兼ね合いはどうかも加味しながら2ヶ月弱、のべ1000件以上検索をして物件巡りを行いました。

結果、自分の満足できる1Kの部屋を見つけることができたのです。

高層階でもなく、新築でもないですが、タワマンに住まなくても満足でき、時間を短縮できる選択ができました。**時間を大事にするオタクはタワマンではなく、1Kでも良いという結論に至りました。**

▼オタクこそ断捨離が効果的

ホテル暮らしの前に行った断捨離で、荷物は格段に減りました。それは娯楽品だけに留まらず、衣類・食器などの身の回りの物も格段に減りました。

ただし、勢いに任せて捨ててしまうのはやめましょう。ぜったいに後悔します。

以下に自分が行ったやり方をお伝えしますが、その方法は至ってシンプルです。

1 1ヶ月に一度も使用しなかった物は捨てる

断捨離をした当初は使うだろうと思っていた物も、1ヶ月もすれば本当に必要かどうか判断できるようになります。使わない物を残しておくとまた荷物が多い状態に戻ってしまうので、何らかの条件を設けたほうがよいでしょう。このとき、時間と使用頻度を重要視します。

すぐに捨てることができない物は置いておき、1ヶ月使っていなかったら捨てる。

これを繰り返すことで持っている物はずいぶんと減りました。残った物は使用する物しか残らないシステムなので、効率も非常に良くなりました。

季節物は場所があれば次のシーズンまで置いておきます。シーズンを迎えて1ヶ月使用していなければ捨てる。冷暖房器具や衣類などこのようなやり方で選別ができます。

2 見ていない、読んでいない物は一度試して、いらない物は売る

断捨離をする上で一番悩むのは娯楽品や本です。逆に言えばここをクリアできると一気に断捨離は進みます。自分の持っている物の中では、とくに場所を取りがちなのが本とDVDでした。収集癖も相まって書籍の量はかなり多かったです。

自宅にいる時間がなく積まれるだけになっていたDVDや本を、時間ができたことをきっかけに一度目を通すことにしました。

そこで感じたことは、購入したときの感情がない本が多いということ。念願叶って手に入れた本、安く購入できて喜んだ本も、そのときの高揚感を維持できている物はほとんどありませんでした。**それらをまずはひと通り読み、心に響かなかった本を精査しました。**

次に行ったのは、それらを売りに出すことです。定価から考えると、思っていたより手元にお金が戻ってきました。ほとんど手をつけていなかったので保存状態が上々だったこともあるかもしれません。中にはプレミアがついて高額になった物もあります。フィギュアやカードなど思わぬプレミアがついていることもあり、バカにできません。アプリを使って自分で売ることもできます。調べる価値、アリです。

3 長年使って傷んだ物は捨てる

これは衣服や家具などに対して断捨離を行う際に取り入れた基準でした。「せっかく購入した物だしまだ着られる」「かなり高かったから捨てがたい……」。こういった理由は、断捨離がうまくいかない原因です。しかし、よく見ると傷んでいたり変色している物もあると思います。

自分もそうでした。気に入った物ほど何回も着るため痛みも激しくなっています。そこで思い切って一番着ていた仕事用のTシャツをまとめて捨てました。

効果は抜群でした。新しい物を買うキッカケになる。気分が一新される。さらに、

どれくらいの服が必要なのかを考えるようになり、全体量もかなり少なくなりました。

年間の服装はスーツケース一つでも余るぐらいの量になったほどです。これは今でも継続してやっていることで、半年〜1年経過した物が傷んでいたら感謝をした後、捨てるようにしています。

このやり方を通じて掴んだ大事なことは、誰かにやらされるのではなく自発的に行うということです。

「こんなに無駄なものがあったのか」
「こんなに溜め込んでいたのか」
「買ったけど結局使わなかったな」

自分自身で精査したり捨てたりすると、いかに非効率・無駄なことを行っていたかを身をもって体験することができます。

自分はこのやり方によって買う前にしっかり考え、場当たり的に購入しないようになりました。

パートナーや家族から言われて強制されたり、仕方がなくやってしまうと、ここまで断捨離の効果を感じることはないでしょう。自身の目で見て、ゴミ袋に一つひとつ入れる。この積み重ねが心に刻まれ、元の状態にならない秘訣だと感じます。

断捨離を行って4年が経過しましたが物は徐々に減り、衣類に関しては以前着ていた物からすべて入れ替わりました。購入時のマイルールも定期的に見直すようにしています。

▼思い出まで捨てなくていい

後悔しない断捨離を模索した中で思わぬ方法も発見しました。それは、捨てる際に写真を撮ってから捨てるということです。

思い入れがあったり捨てること自体に躊躇してしまうとき、自分はそれをスマホで撮影してから捨てるようにしています。

1年後に写真のフォルダを見返して「そういえばこういう物があったな」と思えるようになってからは、断捨離における罪悪感も減ったように感じます。

物が減るようになると、掃除の時間も大幅に短縮されました。

ホテル暮らしの前に住んでいた部屋とホテル暮らし時の一軒家は、どちらも非常に広く、週に1回大掛かりな掃除を行うと3時間以上かかっていました。平日に一ヶ所ずつ掃除する方法も試しましたが、凝り性な性格からか毎回30分以上かかってしまいます。

しかし、断捨離を行ってからは汚れる場所の掃除を定期的に行うだけで、後は手がかからなくなり短時間で済ますことができるようになりました。

仕事が忙しかったり推し活が予想以上に立て込むことがあるとき、短時間で掃除を終わらせられるのはものすごく助かります。自分も夏フェスに毎週出かけるときはとくに時間が少ないのでありがたさを実感しました。

さらに自宅の物が少ないとスペースが広く取れるため、トレーニングや学習が捗るようになりました。

それまではマンガやゲームなど整理していても目に入る位置にあったため息抜きでつい手を伸ばしてしまっていました。少し読むつもりが1時間、2時間となってしまっている日も……。今日こそはと思ってもついつい遊んでしまい、集中できない。またやってしまったと後悔する日々でした。

それが物を減らしたことで収納スペースが空き、それらを視界に入らないところに片づけることができます。

今ではイベントのない休日の午前中は学習に充てたりトレーニングを集中して行うことが当たり前になりました。自宅でのテレワークを集中して行えない方、仕事の後に家で学習できない方にオススメです。

最後に物が減って良かったことは、無駄な出費が減ったことです。

物が減ることでどこに何があるか一目瞭然となりました。これは趣味の物だけでなく、掃除用具や日用品も同様です。そのためにホームセンターに行ったときに「あの洗剤切らしていたかな？　ついでだから買っておくか」という買い物がなくなりました。これによりダブって買うことや余計に買うことがなくなりました。断捨離をする前と後の家計簿を見てみるとその違いは歴然。

これにより無駄な日用品や嗜好品を買うことが激減し、お金が貯まることに。**推し活により資金を投入することができるようになりました。**

▼ あなたに必要な条件を自覚する

ホテル暮らしを含めトータル10回の引っ越しを経て、どういった条件を求めているのか、何が好ましいのかを具体化に把握することができました。

一つ目は、天井の高さ。

身長が183センチあるので低い天井だと頭をぶつけてしまいます。実家に住んでいたとき、町屋で天井が低かったため自室からトイレに行くときに頭をぶつけることが何度もありました。

また、一般的には十分な高さでも圧迫感を覚える高さの場合がありました。ホテル暮らしをしていたときの物件の中にはかなり天井が低い家があり、家なのに休んだ気になれず、外に出ることが多くありました。

二つ目は、室内洗濯機の設置です。

家電の中でも洗濯機にはこだわりがあります。白物家電の中でも最も時短につながるのは洗濯機ではないかと常々考えます。仕事だけでなくイベント衣装もあるので毎週の洗濯量はバカになりません。洗濯だけなら時間はかかりませんが、問題は乾燥です。アイロンかけまでこだわると相当時間が必要になります。

屋外設置型だと、洗濯機の痛みが早いだけでなく、そこまで足を運ぶ時間も発生してしまいます

もし洗濯機が壊れてしまったらその分出費もかさみます。時間、お金の両方の観点から室内に設置されているに限るのです。

三つ目は、静かな部屋であることです。

ホテル暮らしをしているとき、駅チカの立地が多かったのですが、あまりに駅から近すぎると早朝4時ぐらいから電車の音で目覚めることになります。

幹線道路沿いに住んでいると夜中に車の音で目覚めてしまう。

騒音は自分の生活リズムを乱す原因の一つになります。家を選ぶ際はなるべく夜に足を運び、騒音のチェックは必ず行いましょう。また、夜だけでなく自分が自宅に多くいる時間帯に下見をすることもオススメします。

今住んでいる家は駅から徒歩10分かかります。その分幹線道路からは離れており、平日の昼間でもかなり静かなところを選びました。

ここまで自分の家選びの条件を連ねましたが、このように自身に合う条件を見出すことが大切です。

結果として、自分の場合は1Kがピッタリのサイズでした。

家族がいらっしゃる方、フィギュアを棚に飾ってコレクションしたい方、トレーニングマシンを自宅に置きたい方など推しや趣味によって条件は変わってくると思います。

自分のようにホテル暮らしをするのは難しいと思いますが、出張や推し活の遠征でホテルに泊まる機会があれば、それを活かさない手はありません。

自分は今でも仕事で泊まるホテルは色々と試して、新たな発見がないか常に探し続けています。イベント会場から少し遠くても面白そうなホテル、民泊にもどんどんチャレンジしています。

家の条件は、自分自身のサイズで決める。

これを意識すれば無駄な時間が減り、ベストな「城」を見つけることができるでしょう。

今は自覚できていない、言葉にできていない状態でも、自分の中に譲れない条件があると思います。

実は、自分もホテル暮らしを行うまで先に挙げた3つの条件はまったく頭の中にありませんでした。でも、今ではこの条件は欠かせません。

あなた自身の譲れない条件をあぶり出してみてください。

3-3 すべての物の置き場所はテプラで

▼テプラで頭を使う時間をなくす

デスクトップをきれいにする。机の上をきれいにする、1Kに住む。これらはすべて時短のための行動です。

少しでも効率よく、少しでも時間を作り、イベントに関することに時間を使う。

このマインドになった理由は、ヲタ芸を全力で行うと決めたとき、よりよいヲタ芸のためにやるべきことが数多く出てきたからです。

トレーニング、ヲタ芸の技を覚える、振りコピを練習する、先々のイベントのチェックなどなど……。通勤時間内にできることもありますが、ほとんどは自宅で行う必要があるものばかり。**通勤時間は変えられないため、自宅にいる時間を増やす必要が**

ありました。

会社でも家でも使える方法として、テプラでラベリングし、物の置き場を示すことを取り入れました。

テプラとは、シールに文字を印刷する機械です。物にいちいち名前を貼るなんて、なんて細かいことかと思われるかもしれません。

でも、自宅の中なのに「あれがない、これがない」という状況になったことはありませんか？　チリも積もれば山となるとはよく言ったもので、自宅の中で物を探す時間は思った以上に多いし、何よりも生産性が悪く、無駄な行為です。

自分の場合、自宅に物が多かったこと、ヲタ芸をやり始めの時期だったこと、覚えることがたくさんあったこともあり、少しでも頭を使う事柄を減らしたいと思っていました。

テプラを貼れば、ラベルをパッと見てすぐに判断できる。そこで辿り着いたのはこの方法です。

これは、ある大企業に仕事で訪れたときに使用されていたのを見て真似をしたのが始まりです。

雑談をしていると仕事場のデスクの引き出しを見せてくれました。そこには、ハサミやカッターナイフ、仕事道具が整然と並べられています。よく見ると、一つひとつに小さなサイズのテプラで名称が記載されていました。

取引先の人は面倒くさいと言っていましたが、それを見た自分は、なんと実用的で効率が図れる方法なんだ！　と感動したことを覚えています。一流企業で当たり前の方法という部分も説得力がありました。

早速会社のテプラで試しに印刷してみました。それを自宅でも試してみる。**すると物の置き場所、取ってくる場所が見えることで、いちいち考える必要がなくなったのです。**

自宅でリモコンを探したりハンドマッサージ機を探したり、スマホをどこに置いたかわからなくなったり……。

テプラを貼るまでは些細なことに頭を使い、考える日々でした。それがテプラで見える化を行ったことでスッと取れる。この効果を実感した後は、どんな場所にでもテプラを貼り、物の定位置を決めました。

これにより自宅内での動きが決まってくるため無意識に動けるようになり、無駄な時間が格段に減りました。

自宅だけでなく、仕事場の引き出し、デスク周りにも貼るようにして仕事の時短も図っています

▼テプラは体に覚え込ませるために使う

自分は模様替えや配置換えが好きなため、その都度配置を変更し、慣れるまでに毎回多くの時間を要していました。

しかし、テプラはこれを、いとも簡単に解決してくれます。

テプラを貼るタイミングとしては、職場や家庭において模様替えや引っ越しをしたとき、新しい環境に移ったときをオススメします。

意外にも、すでに位置が決まっている物に貼ることも効果的です。社用車の鍵をか

ける場所、客先にて商品を説明する際に使用するサンプル品の棚。サンプル品は100種類以上ありますが、これによりどれを取ればいいのか一目でわかります。

自宅では、まず入ってすぐ使う玄関で使用しています。自分は自宅の鍵を入口にフックでかけていますが、その場所にテプラを貼っています。さらに財布、時計置き場にも貼っています。

帰ってきて疲れていても置き場所に迷わず、朝ギリギリに出るときも「どこにいったかわからない！」ということがありません。サッと手に取ることができています。

それ以外には靴下、肌着の置き場もテプラを貼ってわかるようにしています。服も引き出しや中が見えない場所にしまっている場合は貼るようにしています。

その他にもキッチン、冷蔵庫の食材入れ、イベント道具の収納場所などでも活用しています。調味料や乾電池など頻繁に使う物は、テプラが有効的です。

最後に物ではないですが、**習慣、やりたいことをテプラで貼っておくのは非常に効果的です。**

自分は起きてすぐに瞑想をやりたいと思ったとき、目が覚めてすぐ目に入る場所に黄色のテプラに黒字で「瞑想」と書くようにしました。効果は抜群で、今では見なくても起きたらすぐに瞑想することができています。

それ以外にも料理の調理時間を記載したり、トレーニングを行う旨を記載したりと、やりたいことはまずテプラで自分に知らせるようにしています。

あまり貼りすぎると効果は薄れるので、マイルールとして5つ以内にしています。

テプラで自宅に貼っておくと習慣化され、継続が容易になるのでオススメです。

これは必ずしもテプラでないといけないということはありません。マスキングテープに手書きで書けば、剥がすときに傷がついたり塗料が剥がれる恐れも減ります。また、簡単に安価に手に入るのですぐに始めることができます。

▼捗る場所を定位置にする

テプラは自分の想像以上に、絶大な効果を発揮しました。無意識に手を伸ばすだけでその物が手に入る。朝の忙しい時間、ふとした瞬間に物を探す時間がなくなるのは、ストレス軽減にもなるのです。

余計なことで頭を使わない、いちいちイライラせずに済むことで、仕事がスムーズに進み、結果定時で帰れる。また一つ、目標に近づきました。

今自分が持っている物を少しでもわかるようにするには、目にするのが一番です。3ヶ月ぐらいは置き場所に慣れないために戸惑い、頭で考え、目で見て手に取ります。ですが、慣れてくるとパッと思い浮かんだらそのアイテムの前に行けるようになります。

自分の場合はだいたい1年ぐらいすると置き場所の試行錯誤も落ち着き、テプラがいらなくなってきたなと感じることがあります。

この段階では剝がしませんが、ここから半年ぐらいして、本当にその位置が定まったと感じるときは影響が少なそうなものから剝がすようにしています。その頃になるとかなり時短もできており、剝がしたとしても迷うことはありません。

微妙なニュアンスですが、**そろそろ良いかなと思っているときは、実はまだ剝がす**

タイミングではないのです。「そういえばテプラ貼ったな」と思い出すぐらいになったときが剝がし時です。

そして新しいことにチャレンジしたり、引っ越したりしたら、また新しいテプラを貼る。このルーティンを回すことでさらに時短の精度が上がります。

第4章

どんなに仕事を振られても まず「3つ」に分けろ

4-1 難易度が高い仕事はオタクの分析能力の発揮フラグ

▼難しいには「3種類」ある

仕事において難しいと感じるとき、あなたはどのようにして乗り越えていますか？
前向きになんとか解決したいという気持ちが強い人ほど、解決の糸口を見つけたり仕事の手順や用語を覚えるスピードが速いです。

逆に「なんでやらないといけないのか」「つまらないな」と後ろ向きに仕事を行っているときはなかなかうまくいきません。

つまり**好きではないけど仕方なく行っていることは難しいと感じやすいと言えるのではないでしょうか。**「難しい」と感じることは、考えることや前向きに取り組むことを拒否している反応とも捉えることができます。

自分はこれまで幾度となく「難しい」と感じる局面がありましたが、これにはいくつかのパターンがあるとわかってきました。

一つ目は、不得意なものを無意識に「難しい」と感じている場合です。

自分は工場のベルトコンベアで商品を確認するような、同じ作業を淡々とミスなく繰り返すことは苦手だと感じていました。経理作業の帳簿付け、決められた場所に物を探しに行く作業も苦痛に感じます。

ミスが度重なったり指摘されたミスを気にしているときは、より難しいと感じます。書類作業に苦手意識を持っている方の話はよく聞きますが、まさにこのパターンの「難しい」ですね。

二つ目は、経験値がないからできない・わからないことを「難しい」と感じる場合です。

これは一つ目とは異なり、時間が経過すれば解決する内容です。自分が行っていた受注業務の用語などはこのパターンに当てはまります。

初めて教えてもらったときは複雑だなと思った仕事も、数ヶ月続ければ大半の方はできるようになります。

ゲームのように経験値が数字で見えれば楽なのですが、現実の世界ではそうはいかないからこそ「難しい」のかもしれません。

三つ目は、わからない内容に対して「難しい」と感じる場合です。

全体像が見えていない内容、未経験の内容などと言い換えることもできます。

例えば、新規立ち上げの業務、社内で誰も行ったことがない業務がこれに該当します。

やり方に正解がなく、答えを誰もわからない仕事を行っていると「難しい」と感じています。

自分自身、「難しい」の3種類を頭の中で分類できるようになってからは、今どのパターンでつまずいているのか、それに対し最適な行動を行えているかを考えるようになりました。

まずは行っている業務内容の分析。
次に個別にやり方を考え決める。
そこから、決めたやり方、対処法を最後までやりきる。

難しいと悩んでいる時間が長ければ長いほど、時間は失われていきます。
考え尽くして答えが出れば良いのですが、残念ながらそういうパターンに出合ったことはほとんどありません。

そのため多少間違っていてもいいので、仮説を立てて今行っていることに対する対処法を考えて行動する。もし間違っていた方法だとしても、「この仮説は間違っていた」という答えが得られます。難しいと感じた場合、最初に分析しパターンを探し当ててなるべく早く行動することが大切です。

▼難易度攻略は、格ゲーのコンボ練習と同じ

「難しい」ことを解決するための探し方の一つに、eスポーツからヒントを得たやり

方があります。

自分は長年格闘ゲーム（格ゲー）を好んで行ってきました。タイトルでいうと「ストリートファイター」や「キングオブファイターズ」といったもので、一度は耳にしたことがあるかもしれません。


格ゲー内のテクニックの一つとして「コンボ」というものがあります。

これは技を組み合わせて出すことで一つのつながりとして行う動作で、成功すると大ダメージを相手に与えることができます。

コンボの難易度が上がれば上がるほどダメージは高くなり、これを決めることができれば試合に勝てる可能性が大きく上がります。

簡単なものであれば3つの技を組み合わせて出すぐらいですが、複雑なものになると10個の技を組み合わせるようなコンボもあります。コンボが難しい理由は、ただ順番に技を押せば良いというものではなく、入力の受付時間ピッタリのタイミングでないと技が出ないという点です。

また技の練習をしているときにコンボが出せても、敵と対戦しているときは状況が変わります。敵の攻撃をかわし、スキを見つけてコンボを的確に入力するのは簡単ではありません。コンボの種類は一つではないため、相手との距離に応じた状況で的確なコンボを出す必要もあります。

とはいえ、コンボは技を正確に入力できないと始まりません。

eスポーツの世界でも色々なコンボの練習方法がありますが、自分が行う方法はコンボを分解するやり方です。

例えば、コンボの中に技を4つ入力しないといけないとします。

1から4の技を順番に入力していくのですが、1、2、3、4のうち、2から3の技を連続で入力することが難しいときは、まず1と2、3と4を別々に練習します。それぞれができるようになれば、次に2から3の部分を集中的に練習します。それもできるようになったら、1から4を通しで入力してみる。

このやり方を行うと、どこで自分がミスをしているのか、どの技の部分でつまずいているのかを理解することができます。配信者の方がこのやり方を行っているのを見たとき、これはすごい方法だと感じました。

格闘ゲーム　コンボのイメージ

　愚直にコマンド入力練習をするだけでは、コンボができるものとできないものがどうしても生まれていましたが、この方法を知るようになると、練習段階で打てないコンボはなくなりました。さらに練習にかかる時間も短縮でき、実戦でコンボを使う練習をより多く行えるようになったのです。

　この方法は格ゲーに留まらず、仕事にも活用するようになっていました。

　受注業務を行う際の電話の取り方、メモの書き方、商品出荷準備の段取り。

それまでは分解せず、ただ動作を速くしトータル時間が短くなればOKという

スタンスだったのが一変しました。

電話の取り方は受話器を取るより、着信ボタンを先に押したほうが早く反応できる。ミスや抜け漏れがないメモの書き方、書く位置はどこか。いつも手間取ることは付せんを貼り、出荷準備で毎回調べなくていいようにする。

あなたの仕事にも当てはめて考えてみてください。気づいていなかったコンボはありませんか？

全体の時間をみた上で、一つひとつの業務を分解する。

名称にしてみると一つの業務を長時間やっていると思っていても、項目は一つだけじゃないことが多いのが仕事です。

「接客業務」を行っていたときも①売り場での立ち位置②セールストークの見直し③商品知識の学習④伝票の書き方と、4つのコンボが組み合わさっていました。

eスポーツの世界においてトップで活躍されている方や、10年以上格ゲー配信をやられている方も新規のゲーム、新しいキャラクターを使用する際はこの方法を用いているとのこと。ぜひ仕事でも活用してみてください。

▼時間を司ろうとするのではなく順応する

時間活用術として時短する方法をこれまで紹介してきましたが、実践する上で失敗しないための心得があります。

それは「時間をコントロールしようとしない」ことです。

例えば、仕事の始業時間を変えることは不可能です。自分がよく見る配信者の配信時間をこちら側が変えることもできませんし、仕事終わりに行くイベントも、自分が残業したからといって開始時間を遅らせてはくれません。

これらの例を挙げると「それはそうだよ」と思うかもしれませんが、仕事になるとみんな時間をコントロールしようとしてしまっています。

上司が終業時間間近に指示を出してくる。

お客様が閉店時間を過ぎているにも関わらず店内に居続けている。

昼休みでも電話応対をしなければならない。

どこの職場でも一度は耳にしたことがある内容だと感じます。つい、イライラしてしまいますよね。でもそれは、時間を（相手を）コントロールしようと思っているから起きてしまっていませんか？

例えば過去に行っていた受注業務は、一日中ひっきりなしに電話がかかってきて対応する業務でした。お客様にとってこちらが昼休みかどうかなど関係ありません。最終の業務終了時間ギリギリまで電話が鳴っていたことを思い出します。

この業務に対応していた人は先輩、後輩に関わらず自分のペースを保つことは叶わず、軒並み電話対応に振り回されていました。

「昼休みがほしい」「どんなに対応しても終わりが見えない」「ほかの仕事もあるのに……」というモヤモヤが部署に蔓延していました。

ここで、67ページの「動かせる予定」と「動かせない予定」を思い出してください。「予定」の項目の中には「時間」も含まれるのです。

「昼休みを避けて電話をしてきてほしい」「一度自分で調べてから電話をするか決めてほしい」「ほかの仕事をする時間を上司は作るべきだ」という思いがあるからこそ、モヤモヤしていたのではないかと思います。

時間活用術というと「推し活ファースト」にするべく、自分の都合で仕事を進めるような提案に聞こえていたかもしれません。

でも、それは違います。

「動かせる予定」を正確に把握し、その予定だけをうまく調整して定時帰りを目指す必要があるのです。

どうすればこの難問をクリアできるのか。それには本当に動かせる時間が存在するのかを確かめねばなりません。まず行ったのは分析をすることでした。

時間の分析をしないことは、終わりのないマラソンを走っていることと同じようなものです。

「いつまで続くのだろう」「ゴールはまだか」。こういった気持ちが強くなると、心が疲弊してしまいます。

この分析を行った結果、ひと月、1日のおおよそのルーティンを作成でき業務に当たることができました。このおかげで自分のペース配分を持つことができるようになり、クオリティは向上しました。

これが「時間に順応する」ということです。人や周りを自分に合わせるのではなく、人や周りの状況を見て、自分が相手に合わせる。**言葉にすると微差ですが、心の向き方は大きく違います。**

時には理不尽な状況や無茶な指示を出してくる上司もいるとは思いますが、少なくとも自分は時間の消費のされ方を分析することにより、ストレスは大きく減りました。

時間内にこなせる量が理解できたら、その中でミスがないように改善する。ミスが少なくなると、その対処する時間も減るので自ずと時短になります。

時間の分析を行い、ミスを減らすことに注力した結果、質の良い時短に意識を向けることができました。おかげで定時上がりの回数が増えていくだけでなく、ミスなく帰れることで気持ちも落ち込むことなく、イベントを楽しむことにつながりました。

4-2

複雑な仕事はプラモデルのように細分化する

▼パーツを見ただけでどこの部位かわかるようになる

あなたはプラモデルを作ったことがありますか?

自分は、物心ついたときにはすでにプラモデル少年でした。

作ったことがない方のために説明すると、板の中に細かくパーツが分かれていて、アルファベットごとにパーツが割り振られています。それぞれのパーツは色ごとに分かれており、一つの板の中に頭の部品の横に胸の部品、その横に足の部品があることもあります。

内部の部品もあるため、パッと見では、どれが、どこの部品かわからないものも含

プラモデルのイメージ

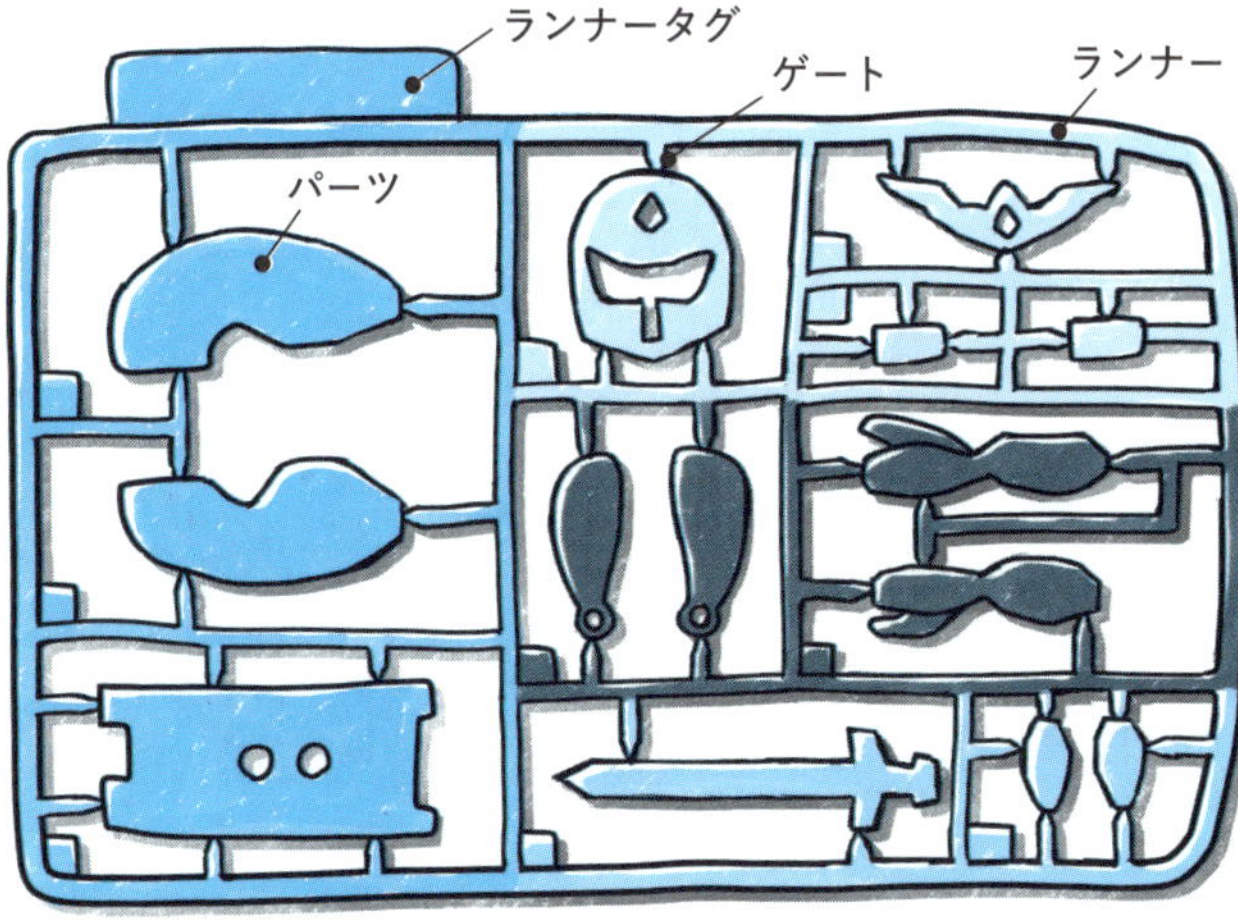

まれています。これらをランナー（パーツを固定している板）からニッパーで外し組み合わせて各パーツを作っていきます。

説明書にはランナーのアルファベットと数字が記載され、どの部品を組み合わせればよいか、作っていく順番が記載されています。はじめのうちはこの説明書を読み込むことが必要です。

とくに最近のプラモデルは精密なことが多いので、切ってはいけないパーツ、順番に組み合わせないと後で外せなくなる場合があります。

一つのパーツを組み立てるだけでも相当な時間がかかります。

しかし慣れてくると、次のランナーはこれか、ここをはめ合わせるときは注意が必要、この順番で作ったほうが後々楽だなといったことが「見えて」くるようになります。

完成品のプラモデルが自宅に増えるにつれて、プラモデルの作り方が理解できるようになると、説明書は軽く流して見てもある程度作れるようになります。作成にかかる時間もやり始めたときに比べ大幅に短縮されます。

仕事もこれと同じです。はじめは目の前のことで精一杯になる、終わったらヘトヘトになる状態。全体像が見えていない、理解できていない段階では俯瞰して見ることができません。そのため、がむしゃらに行うことでカバーしようとします。そうすると目の前で起きたこと一つひとつに対処する必要があり、全体的な時間が多く必要になります。

これでは「早く終わらせて早く帰ろう」というのはかなり無謀な挑戦です。

これを解決するには、説明書を見てうまく行うことが求められます。自分だけの取り扱い説明書を作成することで全体的な時間は大幅に短くなります。

会社によってはマニュアルがあったり、手順書が存在するところもあります。

これらは説明書でいうと、一つひとつのパーツの組み方を記載したものであり、全体を俯瞰して見る図ではありません。全体図は人によって受け取り方が異なるため、誰かに作ってもらうわけにはいきません。

また誰かが作った説明書があったとしても、自分に合わない場合も考えられます。

仕事の一つひとつの工程は、いわばプラモデルで作るアームパーツ、ボディパーツです。完成品を詳細に頭に描き、その理想を実現するための自分なりの説明書を作ることを行ってみてください。

▼あなたの「1日」を組み立てる

プラモデルのように仕事を作り上げる。これで全体図だと思った方。残念ながらこの状態では全体図として不足があります。仕事を効率よく処理して定時に上がる。これは大事なことですが、生きていく上でやることは仕事だけではありません。

自宅に何時に帰るか、ではなく、1日の終了である「寝る時間」を設定する。ここに基準を合わせないといつまでたっても定時に帰ることはできません。

例えば「本当は定時に上がって晩御飯を作ろうと思っていたけど、これを終わらせるためにお弁当を買って帰ろう」と帰宅時間を延ばしたことはありませんか？

取引先との打ち合わせで話がはずみ、仕事以外のことでダラダラ喋って帰りが遅くなる。明日やっても大丈夫な資料作成をつい今日中にやってしまう。どれも仕事に真《しん》摯《し》に向き合っていて素晴らしいことですが、帰宅時間に基準を合わせるとこのようにスケジュールは後ろ倒しになりがちです。

説明書を作るときに寝る時間まで予定を組み上げると、この問題は解決します。

帰宅時間を後ろ倒しにするのは学生の頃によくやった、「あと5分寝たいと言って二度寝すること」と同じです。

残念ながら最近の研究では二度寝に睡眠の質を向上する効果はないそうです。先述した例だと、晩御飯をお弁当に変えたとしても全体的な時間は後ろ倒しになり、その後の予定もズレてしまいます。結果的に睡眠時間を削ることで帳尻を合わせることになりがちです。

しかし、寝る時間に基準を合わせると生活全体の予定を意識するため、仕事の時間を何とか予定通りに終わらせようと意識することができるようになります。

これを可能にするのが、「毎日必要な睡眠時間を把握している」ことです。

自分の場合、必要な睡眠時間は7~8時間です。朝に活動するため、6時に起床するように設定しています。そのため就寝時間はだいたい22時半となります。

朝活を優先するために21時に寝たこともありましたが、イベントで寝るのが遅くなったり誰かと食事に行く予定があると、途端にルーティンが崩れてしまいます。

結果的に睡眠時間が短縮されてしまいスッキリしないことが多かったので、22時半就寝に落ち着きました。

寝る時間を固定すると、自然とその時間になると眠くなり、眠るまでの時間も短くなります。

必要な睡眠時間の割り出しにおいては、寝る時間、起きる時間、どちらかを固定し日々同じ時間で寝起きしていると、3ヶ月ぐらい経過した頃、自然と同じ時間に起きられるようになります。

自分の場合、これができない日は気温が急に下がり睡眠の質が悪かったか寝る前に暴飲暴食をした、テンションが上がる動画やテレビを見て入眠まで時間がかかったなどの可能性が考えられます。効果は日によってまちまちです。数日で判断をしないようにしましょう。

4-3 やらないことを決めるために あえて束縛することで見定める

▼自分で制限を設ける「縛りプレイ」

突然ですが、**縛りプレイ**というものをご存知ですか？

怪しいプレイじゃないですよ‼

ゲームで強いアイテム、武器をあえて使用せずにクリアや攻略を行うプレイスタイルです。自分は「縛りプレイ」を行うことが非常に多く、ゲームだけでなく、仕事、推し活にもよく利用します。もう一度言いますが、怪しいプレイではありません。

仕事の場合であれば、元々用意されたやり方、資料を使わずに最低限の情報だけで一つひとつ時間をかけて仕事を行う。

イベントのときであれば、ヲタ芸のキレを向上させるために重りをつけたままヲタ芸を打ち続けたこともあります。

ゲームにおいても相手のスキを突く魔法やアイテムは使用せずに攻略する、いわば脳筋的なスタイルを行うことが多かったです。

最も大きな理由は、無駄の排除のためです。

ゲームにおいて、縛りプレイをしている方のゲーム動画はYouTube上に多くアップされています。そういった方の動画を見ていると、中には歩数まで計算している方もいました。動き、歩数、一つひとつの行動を大切にすることは見方を変えると無駄の排除であると考えられます。

行動を縛り、あえてやること、使うものを絞ることで無駄が少なくなります。先述した1Kが最適な理由も、ある種の縛りプレイから生まれた結果です。そこまでストイックにやるか！　と思われるかもしれませんが、縛りプレイを経て無駄を排除し、手に入れたやり方は合理的でエネルギーを使用しないため、むしろ楽だと感じることが多いです。

縛りプレイ＝束縛。これを仕事で用いる場合、まずはやらないことを決めることが必要になります。いつも使用している資料をあえて使わない、便利だからと使用していた仕事の道具を変えてみる。一見「えっ」と思う行為ですが、やってみると色々な発見があります。

自分の場合であれば受注業務で使用していた資料をあえて使わないことで、意外と使用頻度が高くないことに気がつくことができました。必要最低限の覚書をデータでメモに保存し紙媒体の資料はなくす。

いつか鳴るかもと音量を大きくしていたスマホをマナーモードにして時間を決めて見るようにする。すると意外と鳴らないことに気がつき、今では決めた時間以外にスマホを見ることがなくなりました。

縛りプレイは可能性を狭めるものではありません。無駄が排除できたときには、より洗練されたやり方で仕事を行えるようになります。

▼手段と目的の再認識を忘れない

縛りプレイで気がつけたことは、「手段と目的の再認識」です。

やり方を見直すだけでなく「なぜそのやり方なのか」「なぜその道具を使うのか」など本質的な部分をも見直すきっかけにできました。

もちろん、何も知らないのにいきなり我流でやるのは危険です。一度みんなに倣《なら》ってやってみたけれど、どうしても時間が短縮できないときに試してみてください。

はじめは威力が高くより良いヲタ芸のための手段だったサイリウムでしたが、その道具を用いて行動した先の目的が大切なのに、いつの間にか光を使うという手段で満足してしまっていました。仕事においても手段と目的が入れ替わっている人をこれまで多く見てきました。

この状態を防ぎ、目的を再認識するには縛りプレイを行うことが最適です。

▼条件はゆるく柔軟に設ける

縛りプレイいいなと思ってくれた方に、失敗しない縛りプレイの条件設定方法をお伝えいたします。

まず、厳しい縛りを設定しないことです。

先述したサイリウムを見直し素手でヲタ芸を打つ縛りプレイは、事前に素手でヲタ芸を打っている人を見たり練習をしてから実践しています。いきなり現場でサイリウムを放り出し、ヲタ芸を打ったわけではありません。

急に厳しい縛りを設けると、うまくいかないばかりか大きな失敗につながります。ダイエットで厳しい食事制限をやり過ぎると体調を崩したり挫折してリバウンドをしてしまうのと同じです。

次に**縛りプレイが人を巻き込む内容の場合は、相談をしてから始める**ということです。

共有物を変更したり手順を変更することで、周りに混乱を与えるのを防ぐためです。

自分の場合、仕事・イベント、どちらの場合においても個人でやることが多いため、誰かに相談する必要はありません。しかし家族がいる方、チームで仕事をしている方はそうはいきません。

家庭内で共通利用している物を縛る場合は相談してから始めましょう。

自分一人で淡々と縛りプレイをやる分にはそれほど負担にはならないのですが、人から意見されるとかなり精神的にキツくなります。良好なメンタルを保ち、目的を達成するためにも家族や周りの方にはやる前に伝えておくことが大切です。

最後は、**縛りプレイで効果がイマイチなら戻しても良い**ということです。

縛りプレイをしてもうまくいかない。結果が出なかったというのは往々にして起こることです。自分もさまざまな内容にチャレンジしましたが、やめてしまった内容は数多くあります。

固定観念を打破し、より自分にあった時間活用術を模索する上で縛りプレイは有効ですが、方法はこれだけではありませんので、固執する必要はありません。

4-4

記録はデータで保存し アナログでは残さない

▼行動数が増えればミスも増えるのは当たり前

仕事のミスは、その失敗を繰り返さないために対策を立てることが重要です。例えば、起こったミスに関して「○○しない」という付せんやミスしたものの書類を見えるところに貼り付けているという改善方法があります。過去に起きたミスと常に向き合い、次に同じミスを起こさないというストイックなやり方だと感じます。

自分がこのやり方を知ったのは、とある日本人野球選手のエピソードでした。ピッチャーで日本でエースと呼ばれる方でした。当時も球団を背負って立つ方だったのですが、とある日は初回から大乱調。投げては打たれ投げては打たれを繰り返していました。その日は2回と持たずにノックアウト。本人は相当ショックだったそうです。

その日を境に二度とこのようなことはしないという決意の現れとして、その日のことが記事になった新聞を切り取り、球場の自分のロッカーに貼っていたそうです。

その後メジャーでも活躍し大投手になるのですが、当時のことはいつまでも忘れないとのことでした。

このやり方を素晴らしい方法だと思った自分は、さっそく取り入れました。仕事の職場の引き出しにミスしたときの書類や、関連するものを入れておく。自分のミスで長時間対応にかかった案件、会社や上司に迷惑をかけた案件を保管していました。

これにより同じミスをすることは減りましたが、残念ながらゼロにはなりません。違うミスをやってしまい凹む日々。机の引き出しにはミスしたときの書類で埋まっていきます。そのうち、疲れているときや気持ちが滅入っているときにその書類の山を見て、ミスを起こすという負のスパイラルが回るようになってしまいました。同じ失敗は犯さない！　と誓って行っている対策だっただけに、より一層凹んでしまいます。

最終的に、自分はミスを保管することはやめました。人によってはそれは逃げたと映るかもしれません。これにより自分のミスが減ったよ！　しっかり結果出せたよ！　という方もいらっしゃるでしょう。しかし、いま思い出してみると細かいことまで目に入り、すぐに反応してしまう自分には、ミスを見えるように残しておく方法は合っていなかったと感じます。

自分の場合、貼り出して毎日のように目にすることで、逆にミスを起こしやすい状況を生んでいました。「このミスをしてはならない」と、必要以上に自分にプレッシャーをかけてしまっていました。

言い方を変えると、「『ミスを絶対にしてはならない』という恐怖」で縛る方法が合っていませんでした。

しかし、ミスは減らしたい。

そこで考え方を変え、得意の分析を行いました。

初めて起こるミスにおいては取り組む案件が増えたり、挑戦したりすると自然と数は増えます。自分は「行動数」と読んでいますが、**この行動数が多い人は1日の行動全体の数が多く、行っている内容も多岐に渡ります。**

行動数を分母、ミスを分子とすると、ミスの数は増えていても実は%は増えていない場合があります。１００件行って１件のミスは１%。行動数が増え、分母が１００0件になったとします。ミスの件数は10件。ミスが多くなったように見えますが、ミスの割合は変わっていません。この仮説がおおよそ合っていることに気づいてからは、凹み方がずいぶんと変わり、楽になりました。

反省し、改善する姿勢は大切だと思いますが、自分を必要以上に追い込んでしまう方法は適切とは言えません。

自分に合ったやり方を行うことが大切だと感じます。

▼デジタルとアナログの相性を見極める

では、自分はどうしたのか。

見えるところに残しておくやり方の代わりに、デジタルで保存して目につかないところに保存しました。

常に目に見えるところにあるとプレッシャーですが、かといってしまい込んでしまって忘れてしまっては意味がありません。

そこで、ミスした内容をスキャンしてデータにする。小さなことはエクセルに覚書として羅列し、同じフォルダに保存しました。

こうすることで必要以上に過去のミスを目にすることがなくなり、気持ちが楽になりました。しかしデータとしては保存しているので、業務を行っている際にミスと似たような状況が発生したら確認することも可能です。そして毎月、1年周期で全体の把握もできるようになりました。

行動数とミスの比率も明確になり自分の成長を実感することにもつながりました。

▼見直しは定期的に

自分の方法は、分析・対策・蓄積・処分の順で成り立っています。

先のデジタル保存したデータもそのままにしておくとただのミス貯蔵庫になり、意味をなしません。

保存したデータは見返してこそ真価を発揮します。ミスをした直後に振り返っても事実より感情を優先してしまい、冷静に見ることは難しいでしょう。どうしても感情優位の改善策ばかりが頭をめぐります。

ですから、見直しはその場すぐではなく、時間をおいて定期的に行いましょう。平日5日勤務なら金曜日、それほど件数が多くないなら月に一度でも大丈夫です。大事なことは、ルールを決めて定期的に行うこと。自分のペースにあっていればOKです。この見直しを行うときは本質を見抜き、同じ過ちを起こさない方法を作ることが大切です。

見直してもいい案が思いつかない、ミスに対する情報が不足していると感じたら、潔く見直しを先送りにしましょう。

見直しはできるだけで早く行うに越したことはないですが、すべてを毎回処理し続けるのは難しいと感じます。中には起きたミスがあまりにレアケースなため情報収集、本質の確定に時間がかかる場合もあります。

そのときすぐに直したいと意識しすぎると心の負担になります。見直しは完璧ではなく、その場でできるだけの対処をすることを大事にするのです。

見直しが終わり、不要だと思ったデータは破棄するようにしています。こういった情報を残しておいてもいいことはありません。

データを残しておくと、頭の片隅に情報が残り無駄に脳のキャパシティを使うことにもつながります。できるようになったものは削除し、対処法の実践に全力を注ぐことが大切です。

見直しと改善、終了したものから処理を行うことで、自分は今何ができていないのか、逆にできたことはどれかをハッキリと理解できるようになります。

この積み重ねを行うことで自分はこれだけできたという自信が生まれ、行動の質も上がります。

第5章

うまくいくオタクは、昼までに「タスク8割」片づける

5-1

オタクの朝が早い理由

▼8時間睡眠の恩恵

朝早く起きるオタク、世にも珍しいタイプだと感じます（多分）。

今でこそ睡眠について解説をしていますが、コロナ前までは出勤時間ギリギリまで寝ているような、睡眠への意識が低いオタクでした。

夜は12時半に寝て朝は7時15分に起きる。朝食は食べず、準備を5分で済ませダッシュで駅に向かい、7時35分の電車に乗る。睡眠時間が足りないと感じる日は電車で爆睡するような生活でした。

このときの睡眠時間は6時間45分ほど。規則正しくその時間は確保していましたが、なんだか寝たりないと感じながら働く日々。しかし若さもあり、根性だけは人一倍あったのか、それほど気にはしていませんでした。あわせてイベントの疲労が毎週体に残っていたため、それの影響だと思っていたこともあります。

ですがとある日、いつもより早く寝て目覚めた朝、頭の回転が早いことに気がつきました。睡眠時間としては1時間プラスの7時間半でした。たった1時間でしたが、いつもより頭がスッキリする。さらに日中イライラせず、気持ちを常にフラットに保てている自分に気がつきました。業務も心に余裕を持って対応できたのです。

1時間多く寝るだけでここまで変わるのか。

この変化に気がついたときはちょうどホテル暮らしを試している時期。通勤時間が減り、時間の余裕があったので、**睡眠時間と自身のパフォーマンスとの相関関係を分析し始めました。**

まずは睡眠時間が必要なのか、寝た環境や寝具が良かったのかを分析しました。**結果はどれだけ多く寝たか、時間が一番大事だということがわかりました。**

いくら良いマットレス、寝具を使っていても、短い時間しか寝ていないと先述した最適の状態には辿り着けませんでした。6時間45分と7時間45分では、体もそうですが、とくに心の状態に雲泥《うんでい》の差がありました。

そして起床時間だからと無理して起きたとき、睡眠時間が足りないと、その後偏頭痛が起きてイライラしてしまう。これらのことを踏まえ、寝具より時間を確保することが大事だと気がつくことができました。

もう一つ大切なのは音と光です。

自分は元々寝るときの音・光は重要だと感じていました。ホテルやいつもと違う場所で寝るとき、豆球程度の明かりでもついていると気になり、寝られなくなることがありました。

そのため、照明はリモコンですぐに消せるようにする。さらに**遮光カーテンを使用しました。これは効果抜群で、窓から入る光を完全に抑え、まったく光を通さないようにする。これにより睡眠の質が大きく向上しました。**

遮光カーテンの購入時には、カーテンの等級を確認しましょう。一番暗い状態を維持できるのが1級、そこから数字が上がると遮光のレベルが下り、光を通してしまいます。

１級の遮光カーテンは光を通さず、目の前の手が見えなくなるほどです。これに変えてから入眠までの時間は短くなり、睡眠の質も向上しました。

あわせて寝室の音をどれだけ抑えられるか。自分は、冬であれば加湿器、夏はクーラー・扇風機の音など、機械音が聞こえると気になって眠れないタイプでした。そのため１Ｋに引っ越したときに徹底的に音が鳴るものがないかを探し、静かな空間を構築しました。なるべく寝室内に音がするものを置かないようにし、寝るときもワンタッチでスイッチを切れるようにしました。

こちらも効果があり、途中で目が覚めることや、寝ようとしてから、音が気になって眠れないことはなくなりました。

こうして毎日、心身ともにベストな状態になることができました。ベストというのは、多少のことでは感情が上下しないこと。頭がスッキリした状態で物事に取り組めることです。

恥ずかしい話ですが、長年、睡眠時間が短いことが当たり前として過ごしていたため、イベントでスケジュールが詰まっているときは睡眠時間がとくに短く、朝から参加しても楽しい気持ちでヲタ芸を打てないということも何度かありました。あまりに眠くなり、イベントの合間に昼寝をしたこともあるほどです。

今考えると、当時は土日のイベントのない週に睡眠を取り、全体の帳尻を合わすような有り様でした。そんな状態では頭もスッキリしないし、平常心でいることもできません。

自分の場合は8時間がベストでしたが、人によっては7時間でも大丈夫だと感じます。ぜひこれらを参考に、ご自身に合った睡眠時間を割り出してみてください。

▼効率のいい活動のために好きな時間を見つける

睡眠時間が確保でき、朝活をするようになったのにはキッカケがあります。**それは早朝の散歩が好きだったことです。**

イベント明けの月曜日や火曜日。疲れ果てて20時に就寝した日のことです。ふとしたキッカケで目が覚めたら朝の4時でした。頭は妙にスッキリしていて二度寝する気にもなれない。寒くない時期だったのでリフレッシュに散歩することにしました。薄紫の空を見ながらシーンとした町中を歩く。近所なので見慣れた光景でしたがその日は新鮮に感じました。

気がつけば30分ほど歩き、気持ちがリフレッシュしていました。それまでは仕事が終わってから、仕事の途中の休憩時間を犠牲にして、やりたいことを行うのが当たり前だった自分が、この経験により価値観が変わりました。

朝の時間は寝ている人が多く、元々静かな自室がより静かな環境になる。誰も活動していないときに自分だけが動いている。違う感覚が集中力を倍増させます。元々刺激に弱く、音や光に弱い性質もあったのでしょう。

この静かな環境、集中できる状況は集中力を長い時間保つことができました。

その時間を最初はトレーニングに使ってみました。瞑想、ヨガ、ヲタ芸の練習に使うと、いつもなら思いつかないことに色々気がつき、改善ができる。疲れてヘトヘトになった夜に行うのも嫌いではないのですが、朝に行うことでよりクリエイティブな発想が浮かぶようになりました。

このクリエイティブな発想が思い浮かぶ時間をより活用できないかと考えたとき、

導入したのがブログの執筆、Xでの情報発信です。

それまではほとんど情報発信は行っておらず、Xも情報収集と連絡手段が主な利用方法でした。しかしこの時間に構成を考え、ブログの記事を書くと今までの自分とは思えないぐらい、執筆することができるようになりました。

情報発信は継続が大事だと言われます。それまではトレーニングとイベント参加は欠かさず行っていましたが、それ以外のことは三日坊主ということが多かったのですが、朝活の時間を活用すると毎日続けることができました。

毎日必要な睡眠時間をとり、同じペースで寝ている状態だと寝起きでも頭はスッキリしています。無駄な雑念や考えがなく頭の中がきれいな状態は、机の上が何もない状態と同じです。

これらが習慣化した今では6時に起床し、合間にトレーニングを挟んでの8時過ぎまでの2時間弱を朝活に充てています。この本の執筆作業もほとんどは朝のこの時間に行っています。今では欠かすことができなくなった朝のクリエイティブな活動。この時間を逃すのはもったいないので、ぜひ活用してみてください。

▼逆算で就寝時間を決める

前項で朝活をオススメしましたが、終業時間が決まっている会社員にとっては朝の時間を活用する方法が自分の時間を作れる、もっとも手っ取り早い方法だと感じます。

会社員の働き方は決まった時間、日数を捧げて給料をもらうスタイルです。

コロナ禍においてテレワークも導入されましたが、そのような働き方になっても、同じ時間をグループ、チームで共有することに変わりはありません。

拘束される時間があり、「動かせない予定」なのであれば、その枠の外に新しい枠を作るしか方法はありません。

会社員には朝の時間を活用するぐらいしか自分の時間を手っ取り早く作る方法はないと感じます。

この時間を有意義に活用するためには、何よりも睡眠時間の確保が重要です。自分の場合は8時間確保することを軸として動かしません。次に始業時間から引き算を行い、何時間朝活の時間が必要なのかを割り出します。

時間があればあるだけ良いという人もいらっしゃると思いますが、残念ながら人間の集中力はそれほど長くありません。自分の場合、最長3時間は可能ですが、よほど調子が良く、体も疲弊していないときのこと。残念ながら毎日がそうではありません。

これを決めるには必要な睡眠時間を割り出す。そこから朝活が2時間なのか、3時間なのかを決め、自宅を出る時間を決める。これにより起床時間が自ずと決められます。

このルールに当てはめ、自分の場合は22時か22時半に寝るようになりました。人によっては就寝時間としては早いのではないかと感じる人もいるかもしれません。大丈夫です。

3ヶ月もすればすぐに慣れます。説明している自分も、はじめは同じことを感じていました。なんだか寝付けないな、朝活がうまくいかないのではないか。遅くまで起きていたいな。こういう気持ちはほどなくして収まっていきました。

体に就寝時間が馴染んでくると自然と、近い時間になると眠くなってきます。こうなればこっちのもの。このタイミングを逃すことなく入眠すると、最初の深い睡眠が確保でき睡眠の質は大きく向上します。

自分は以前、このタイミングを逃してしまうことが多く、そのあとダラダラと1時間、2時間起きてしまうことがありました。その状態では寝起きも悪く頭がスッキリしません。

今ではこのようなことはなく、いつもの入眠時間に体の「眠たい」という信号を逃さず継続できています。

朝の始業時間や会社の状況、働き方は人によってさまざまです。必要な睡眠時間も短くても大丈夫な人。逆に8時間以上必要な方もいらっしゃると思います。

これらはカスタマイズしていただき自分にとってベストなコンディションだと感じられればOKです。

5-2

早く帰るオタクは「機械に任せる」が得意

▼ド真面目に仕事していたら、時間が足りないのは当たり前

自分が働きだしたのはバイトを入れたら19歳のときです。何もしていないことが嫌いで、働くことはとても性にあっていました。20歳で就職しましたが、その頃を思い出すと、業務内容のほとんどがアナログでした。少し時代を感じるかもしれませんが、なんでも紙に書くのは当たり前で、すべてが手作業でした。

販売の仕事をしていたときのエピソードでいうと、クレジットカードを使用するとき、専用の台紙と機械を使用して手押しで印字したこともあります。レジでカードをスライドする以前はこのようなやり方でした。客先の配達先はすべて手書きで伝票に記入していました。

機械で印字する方法もありましたが、手書きで書いたものを打ち込み直すというアナログなやり方。後年、パソコンにカードをスキャンする方法になったときには少し感動したことを思い出します。

そんな時期を経てデジタル化したとき、無駄に時間を使用していたと感じました。逆にいうとシステムが整っていなかったため、時間がかかっていたということに気がつきました。システムがあれば時間短縮を図れると感じました。

もちろん、みんながみんな、自分のように仕事が終わってからイベントに行きたいわけではありません。時間がかかっても仕方がないと割り切る方がいても不思議ではありません。しかし、それだとどうしても1日でできる仕事の量に限りが出てしまったり、残業をしなければいけなかったりします。

どこかで作業量を縮める工夫をしなければならない。

自分は時間が何よりも大切だったので、今の時代になる前からシステムやアプリの学習を行ってきました。

それはなぜか。アナログで一番大変な「検索」という作業を少しでも減らすためです。仕事に慣れてくると一連の流れ、顧客の要望は理解できるようになりました。しかしベテランの方とのレベル差を痛感することがありました。それは商品知識、どこに聞いたらわかるかという知識情報の差です。

例えば月に一度ぐらいしか問い合わせがないAという商品。聞かれる頻度が低いため覚える項目の優先順位としては下位になります。忘れた頃に問い合わせを受けたとき、どういうものなのか、どこに聞けばよいか、これがパッと出てくるのはベテランと新人の差です。

これを埋めるためにメモをする。そのメモをどこにしまうのか。これがアナログとデジタルでは大きな差となります。

1件、2件であればいいのですが件数は膨大でした。アナログで控えるのは紙に書いてどこかに入れておくのですが、肝心なときにそれを1枚1枚探すのでは大幅に時間を使います。

日中に調べようにも大きな時間のロスです。これがデジタルであれば検索時間は大幅に短縮できます。メモ帳やエクセルに用語、問い合わせ先を控えておき、必要なときに検索する。時間を何よりも大切にし、必死になって使い方を習得しましたが、効果は絶大でした。

それまでやってしまっていた、細かい数字の打ち間違いや調べ間違いのミスが大幅に減りました。

これを活用しない手はない。

自分が機械の手を借り始めたのはエクセルからでしたが、まさかここまで自分にマッチするとは思いませんでした。今では仕事だけでなくイベントでの活用、情報発信時にも活用しています。

▼「任せる」は大ごとでなくていい

やり始めは仕事だけだった「機械に任せる」。今ではイベントやプライベートでも活用しています。

まずは毎朝書いている日記。以前は手書きで行っていましたが、過去のデータを閲覧できる利点に重点を置くようになり、ワードでの作成に変更しました。そして今ではグーグルドキュメントを使用しています。スマホ、出先のパソコンでも確認できる便利さは一度使用すると手放せなくなりました。それ以外では、ＡＩ、ChatGTPも活用しています。

調べていたことを打ち込むと、的確な答えが返ってきます。ver4になると詳細に内容を教えてくれるだけでなく、必要な場合は調べたい内容のリンクを貼ってくれたり、追加のアプリを入れると３Ｄ動画で教えてくれるようになりました。

これを最初に活用したのはブログの構成案・タイトルです。ブログを運営するにあたり一番悩んでいたのはタイトルと構成案でした。今でも苦手ですが、全体を考えたり、タイトルを考えるのに時間がかかっていました。それをChatGTPに投げかけるといくつかの案をすぐに考えてくれます。

今では本文を書き終えたら、ChatGTPに投げかける。その間にコーヒを飲む。飲み終えると5つぐらい答えが出ている。このルーティンを活用することで、時間を大幅に短縮することができました。

次に活用したのはトレーニングです。自分の場合、ヲタ芸という非常に特殊なジャンルのため、コーチなどはいません。16年ヲタ芸をし続ける中で、トレーニング内容は試行錯誤の連続でした。プロ野球やバレエダンサーの方の動画、トレーニングを見よう見まねで取り入れたこともあります。

これをChatGTPに聞いてみよう。そう思った自分は、イベントでヲタ芸をしているる動画のリンクを貼り聞いてみると5つぐらいトレーニング内容を提案してくれました。はじめは、「そんなトレーニング効くの?」という疑問符が浮かびましたがものは試し。言われた通りの内容を1週間継続すると効果はありました。そのトレーニング内容は今でも継続して行っています。

これらはプライベートのものですが、もちろん仕事でも活用できます。

職場で行う新規事業の説明書のたたき台の作成、わからない専門用語の解説。それを利用した説明文の作成。最近では、SDGsなどの専門用語を職場で聞いたりと、仕事で使用することが増えてきました。

次に活用しているのはスマートリングです。

これは指輪の形状をした睡眠と日常の状態を測る機械です。睡眠について学んでいるときにたまたま見かけたのが、購入のキッカケでした。

それまではスマホの睡眠アプリを活用していましたが、精度に疑問を感じることが多々ありました。スマートウォッチなども検討しましたが、寝るときに時計をつけるのが億劫で躊躇する日々。何かいいものがないかと探しているとき、巡り合いました。

調べてみると、リングをつけるだけでなく、スマホのアプリがあり、睡眠や活動状態を分析して教えてくれるとのこと。少し高額でしたが、勇気を出して購入しました。

日常の心拍数、運動量も計測してくれるので、イベントでの動きも自然と向上しました。これらが相まって先述した最適睡眠時間を比較的短時間で見つけることができました。今でも仕事中、イベント中に関わらず身につけて日々睡眠、日常活動の改善を行っています。

▼柔軟な発想と行動力が差をつける

機械に任せること、これをやるようになる前から習慣として行っていることがあります。

それは**「こんな物があればいいな」と感じたらすぐにネットで検索することです。**

今の時代、ありそうと思ったもの、あったらいいなと感じたものは、かなりの確率で実在しています。スマホでの睡眠アプリの精度がイマイチでチップを埋めたら楽だなと感じていたら、スマートリングがすでに発売されていました。

欲しいなと思ったらとりあえず検索してみる。検索するときのコツは、ワードを3つぐらい入れてみることです。「睡眠、アプリ、リング」。こういった感じでグーグル検索すると、ピッタリではなくとも近い商品を案内してくれます。マッサージ機なら「筋膜リリース、マッサージ、ガンタイプ」。こういった感じで入力します。商品により近いワードを知っているとその精度は上がります。もし商品を知らなくても、ワードと欲しい商品のポイントを組み合わせることで自身が知らない商品がヒットする場合があります。

それと合わせて、「コチラもどうですか」とオススメ欄に出てくる商品も見ましょう。自分が知っている物より高性能なアイテム、性能は同じだけど価格が安い廉価版の商品が見つかるかもしれません。リアル店舗と違い、ネットであればクリック一つで検索が可能です。簡単に探せて、配達はスピーディー。タイミングが合えば当日の夜に配達してくれることもあります。

すごく便利なアイテム探し。**大事なのは、行動に移すことです。どれだけ心の中で思っていても、行動しなければ現実は何も変わりません。**

よく人からは変化が早いと言われますが、これは「心の中で思ったら即行動」が人よりも多いため差がついたのだと感じます。今年のイベントではこういった方向で参加したい。これを実現するために最適なものはどれか。頭の中で思い描いたらすぐに行動するようにしています。ネットで検索し、想像に近いものであれば即クリック。ときにはハズレの場合もありますが、目当て以上のものもあります。

イベントで着ているTシャツもその一つ。昔は「一番」という漢字だけでしたがそれでは背中が淋しい。アニメのキャラが書かれていたらテンションが上がるからと探したのがキッカケです。

今では計6色のカラーにさまざまなアニメのキャラのTシャツを縫い合わせて着て

います。これも頭で想像し、行動したからこそ生まれた結果です。嘘みたいな発想でもいいので空想し、それに近しい物を探し、行動した結果、今の自分があります。思っているだけでなく、行動することが何よりも大切です。

5-3 早く帰るオタクほど、失敗を喜んで受け入れる

▼気になった機械はどんどん試すべし

機械に任せるにあたって失敗したことは多数あります。失敗した物は記憶には残りますが、写真は撮らないため、その量はかなりのものです。イベントで使えそうでも海外製のアイテムは多くが粗悪品で、現物が届いた瞬間、ゴミ箱に直行したことは一度や二度ではありません。

しかしこの失敗こそ重要なデータだと個人的には感じます。もちろんうまくいくことに越したことはなく、すべて成功し続けるというのは理想です。ですが**失敗＝必ずしてはいけないものではなく、必要な通り道だと考えます。どちらかといえば良い結果はいつか出るので、失敗を大事な場面で起こさないために、どこかでやっておく必**

要があるとさえ感じます。

このシステムでは合わなかった。この機械ではなかったな。こういったデータを収集しておくことでいざというときに解決の糸口にもなります。

例えば自分は家計簿アプリを利用していますが、出金の入力はすべて手打ちで行っています。はじめはすべてを自動入力していましたが、月をまたいだ出金などの反映が遅く、正確な家計簿にならない。現金もたまに使用するので、レシートを溜めすぎるとなくしてしまう。こういった状況が起こったので、クレジットカードの分も含めて手打ちで行うようにしました。少し時間はかかりますが、正確な支出が把握できるので今でもこの方法です。

このように小さな試行錯誤が、大きな失敗をしないコツだと感じます。

機械のように淡々とやりすぎた結果、心を壊してしまっては元も子もありません。これは仕事で部下や周りの方に仕事を依頼するのと同じで経験がものをいいます。これをセンスだと思われる方もいると思いますが、個人的には挑戦回数がものをいう、泥臭い作業の積み重ねだと感じます。

この仕事のときはどういったアプリ、システムを使うのか。職場でうまくやっているなという先輩に話を聞く、感覚が近いなという人の本を読んで参考に同じものを取り入れるぐらいのスタンスです。

▼お試しの投資はタイパ・コスパよく

ここ数年で海外製品の購入難易度が下り、日本製より海外製品を買うことが多くなりました。

3Dプリンタの普及や、印刷技術の向上により魅力的に見える商品が多くあります。しかしそこは海外製品。玉石混交《ぎょくせきこんこう》なことが多く、結果的には大失敗ということが少なくありません。

例えば手をかざすだけで必要量が出てくる自動ハンドソープ機。価格も安くデザインもシンプルだったので購入しましたが、いざ使ってみると石けんが出ない。何種類かの洗剤を試しましたがどうやら日本の石けんとは相性が悪かったようで、残念ながらゴミ箱行きとなりました。

トレーニング機器も効果がなく、捨ててしまったことは一度や二度ではありません。そこで閃いた方法が型落ち、中古品、セール品を購入することです。

最近は中古雑貨を販売しているチェーン店が全国各地に出店しています。実物が見れる、手にとって触れられるため、異常があるかどうかも自分の目で見ることができます。ネットで買う新品の海外製品より型は古くても店舗で買った中古の日本製品のほうが性能が良い場合があり、知識があれば自分のほしい性能があるかどうかを知ることができます。

リユース品のため、物によっては驚くくらい安く買うことができます。**安く買えるということは、新しいアイテムを試すハードルも下がります。**

このとき、自分は安価な日本製のアイテムから試して性能を知るようにしています。その上で上位互換、最新機種を買う場合はネットで海外の最新鋭の物を買うようにしています。

いきなり高い商品に手を出すと引っ込みがつかなくなり、その後挑戦することが億劫になるのはよくあることです。

投資としてチャレンジする、割り切ることも必要ですが、いきなりそういったやり方から始めるのはあまりオススメできません。**初心者のとき、やり始めのときこそ諦**

められる、心に負担がない方法をやることをオススメします。

▼仕事で使う「推しメン」を決める

試行錯誤を経て選んだ機械や製品。**取捨選択して残った機械はあなただけの「推しメン」です。**これはポッと出の状態ではなくちょっとやそっとでは崩れることのない信頼があります。どれも手に馴染んだり、毎日活用することが当たり前になります。

仕事でいえば、スマホもその一つです。仕事の報告書からこの本の原稿と、いたるところで活用しています。

選抜メンバーが決まるまでにはさまざまな失敗がありましたが、その結果残った「推しメン」。これを見つけられたときあなたの作業効率は大幅にアップします。

この「推しメン」を見つけるときに自分が意識していることがあります。

ランキング1位より自分にとっての1位、「オンリーワン」を見つけることです。

ここで一番重視しているのが相性です。

今回は自炊を例に出して解説します。自炊をして1年くらい経ったとき、もっと楽にできないか、良い機械はないかと探していました。たまたま手に入れた圧力釜や時短につながる物を試しましたがしっくりこない。どうしたものかと思っているときに出合ったのがノンフライヤー機です。

これはカゴ状のフライパンに熱風を当てて調理する機械です。冷凍食品や切り身の魚を入れてボタンを押すだけで仕上がる。時間と温度を選び入れておくだけで料理が完成する画期的なマシンです。調理するときに熱風を浴びせるので無駄な油もカットできる。これを活用するようになってから体も絞れるようになり一石二鳥でした。

圧力釜も同様の効果があるようですが、大きな違いがあります。それは具材をカットする、準備する手間の違いです。元々切ってある魚や肉を入れるだけでできあがる。カットしたり準備したりすることが億劫な自分にとってこの差は大きかったのです。

▼流行に流されず、自分に合う道具を選ぶ

これは仕事だと、パソコンでのタイピングとスマホのフリック入力、どちらがその人にとって相性が良いかということに言い換えられます。

自分の社会人歴に対して、スマホは導入されてから日が浅いものになります。

そのためかスマホの入力が得意ではなく、自分はどうしてもウエイトがパソコンに寄りがちです。

だけど、それが良くないとは感じていません。ノンフライヤー機のように、型にとらわれず自分に合った機械に任せることが重要であることに気がつきました。はじめは苦手だと思っていたものがふとしたキッカケで使えるようになったり、年齢を重ねると以前はやらなかったことができるようになったりもしました。

今の状態で使いこなし日々試行錯誤する。ぜひあなただけの「推しメン」を探してみてください。

第6章

「推し」のことを考えつつ、手は「上司」のために動かす

6-1 会社とオタクを切り離すメリット

▼オタクと副業はバレるな

仕事とオタクを切り離す。

これはヲタ芸をやり始めた頃から心に誓っています。職場でオタク話をしないこと。自分が参加したイベント、場所についてベラベラ話さないこと。気がつけば今の会社に入社して10年以上経過しましたが、未だにバレていません。

もしかしたら知っている人はいるかもしれませんが、長年そういった話を自分から言ってこなかったため、話を振られることは皆無です。

これは副業していることを同僚に秘密にしていることと同じ心理です。

会社で副業していることを話すのはかなりのリスクがあります。会社という場所はどこで誰が自分の話を聞いているかわかりません。とくにお金の話に人は敏感になりやすいものです。副業しているということを話すだけで、「あの人は儲かっている」「たくさんお金を持っているに違いない」と妬まれることにもつながります。仲が良く、何でも話せる会社の友人だと思っていても、裏でどう思われているかはわからないもの。

副業と同じく、推し活のことを話さない、伝えないのは身を守るために必須だと感じます。

大げさに聞こえるかもしれないのですが、実体験に基づいたアドバイスです。

推し活について話さないほうがいい理由を3つお伝えいたします。

一つ目は、妬まれるリスクから身を守るためです。

推し活をしている人は就業後、週末がとても充実しています。推し活をイヤイヤ行っている人はいないですよね。本書で述べてきた時間術を自分が全力で行えてきたのも、楽しい時間が待っているから。本人の精神状態は非常に良好なのですが、その状態をすべての人が良いと感じてはくれません。

それだけなら良いのですが妬まれたり、ネタにされたりすることもあります。

自分がこの考えに至ったのは、推し活をし始めた頃の苦い思い出があるからです。当時は25歳、ヲタ芸をし始めた頃でした。その楽しさにハマり、自分ではそのつもりはなくても、意気揚々とイベントでの思い出話、武勇伝を親しい同僚に話していたようです。それが周りの人の耳に入り、キャラクターとして受け入れてくれる人もいましたが、そうでない人もいました。

ルール上は問題なくても、休みを取るとき、細かいことを言われた記憶があります。指摘した人を咎《とが》めたい気持ちも湧きましたが、言いふらした自分にも責任の一端はあったと感じます。それ以降余計な公言はしない。推し活のことは仲間内でしか話さないスタイルにしました。

自分も実際にそうなるまで夢にも思いませんでしたが、推し活を充実させることに対する妬みは存在するのです。


二つ目は、仕事のミスや具合が悪いときの理由にされないためです。

仕事を行っていると体調が悪い日、ミスをしてしまうことがあります。場合によっては早退や休むことになりますが、これは誰にでも起こることです。

しかし、推し活を伝えている場合とそうでない場合は、毛色が異なります。どうしても「推し活のせいで仕事がおろそかになっているのではないか」と思われてしまいます。どうやって仕事には影響が出ないようにコントロールしているのかなど、会社や上司が理解してくれることは、まずないでしょう。

日によっては1日10時間以上ヲタ芸をして体調が万全でない日もありますが、公言しないことで余計な詮索《せんさく》はされません。不必要な指摘を受けないためにも、周りに言う必要はないのです。

三つ目は、有給などの許可をスムーズにもらうためです。

最近は世間的にも有給休暇の取得が推奨され、会社によっては年間取得目標を立てている会社もあります。定時に帰るということも会社によっては珍しいことではなくなりました。

ただ、現実的には有給休暇で1日休むことによって出勤している社員にしわ寄せがいく業種もあります。上司、同僚から良く思われない場合もあるのです。

そういうとき、体調不良ではなく、推し活をしていると認識されると身動きが取りづらくなります。あってはならないことですが、家庭を優先する人と趣味を優先する人では、世の中的には家庭の方が優先されがちです。推し活にどれだけ熱量があっても手放しで「どうぞどうぞ」と言ってもらえることは少ないと感じます。

会社員として働く上で、推し活の公言は自分の首を絞めるだけです。

「イベントだったら休み代わってあげてよ」

誰かと休みがかぶった場合、こういうリスクが生まれます。推し活を全うするためにも、趣味と仕事はきちんと線引きをし、一緒にしないほうが無難です。

でも大丈夫です。人はそれほど他人の趣味に興味を持っていません。理由は、何度かはぐらかしていると聞いてこなくなります。**「オタクだから」という余計なバイアスを避けて行動することをオススメします。**

▼オタク隠しは「キャラ設定で」万事解決

これまで本書では定時で帰るための方法を数多くお伝えしてきました。それはあなたの推し活を少しでも充実させるためです。この活用術を継続できるようになると、ほぼ毎日定時で帰れるようになりますが、これを阻むキラーワードがあります。

それは、「何故そんなに早く帰るの」という問いかけです。

ヲタ芸に真剣になり、イベントに参加して16年になりますが、この質問は未だに聞かれ続けます。

先ほど「人はそれほど他人の趣味に興味を持っていません」と言いましたが、これだけはどうしても避けて通れません。でも大丈夫。人のうわさも75日、です。言わないことで揉めるのではないか。会社で嫌われるのではないか。こういった考えが頭によぎると思いますが、心配しないでください。

聞いてくる人は、雑談の延長線上に聞いてくることがほとんどです。本当に何をしているのか知りたくて聞いてくる人は皆無に等しく、日常会話程度だと捉えてください。

対応としてははぐらかす形で話を流す。数回流していると面白くないと感じるのか話題をそれ以上深掘りしてくることはなくなります。

これで推し活バレも防げます。

自分は、飲み会や自主参加が認められている会社の行事には、極力参加しないようにしています。今から15年ぐらい前からこのスタンスを続けていますが、とくに問題はなく、声がかかることで定時に帰れないということもありませんでした。

必要以上に会話をしないキャラ作りをすることで自分の時間を守れ、定時に帰ることを維持できるのです。

このキャラ作りをするときに重要なのは、はじめに参加しない意思表示をすることです。自分の場合はその一環としてお酒が飲めないキャラを作り、演じました。

ヲタ芸を行う前は飲んでいましたが、真剣になりだしたときにお酒をやめ、飲み会の場で禁酒を公言しました。最初は小言を言われましたが、半年も経過したら受け入れられ、ウーロン茶を勧められるようになりました。

そして、このキャラ作りがうまくいくと飲み会に誘われることはほぼなくなります。

一見ドライに感じるかもしれませんが、どこで人間関係に厚みを持たせるかはバランスの問題です。きっと推し活が充実するので気にならなくなります。

▼仕事はギブアンドテイク

プライベートと仕事で大きく異なる点があります。それはギブアンドテイクを求められるかどうかです。仕事ではプライベートより求められる場面が多くあります。

「以前この仕事を手伝ったから、今回は手伝ってほしい」

「この仕事は得意そうだから任せたい」

一見ずるく聞こえるかもしれませんが、余計な残業を避ける方法の一つとして過去の実績、得意なことを吹聴しないという方法があります。

自分の場合、趣味でパソコンを組み立てたりセッティングをしたりアプリを入れたりして楽しんでいます。だからといって会社でパソコンの入れ替え、初期設定、ソフトの使用方法の伝授など頼まれたくはありません。「彼に聞けばいいや」と業務外のトラブルシューティング処理に追われたこともあったからこそ、強く進言します。

ただし、これにはメリットもありました。

自分の場合、パソコンに詳しいと理解され、会社全体の効率化のため意見を求められたのです。おかげで自分の思う理想の職場環境に近づきました。会社の仕事が円滑に回り、定時に帰れる確率が上がるのであれば、多少の負担も受け入れて良いと考えました。

推し活も同様です。

ヲタ芸で体力があるから体を動かす系の仕事を任せられる。ＳＮＳに強いから広報宣伝部に配属になるなど、ギブアンドテイクが成り立つのなら公言しても良いでしょう。

公言することにより、推し活がしやすくなるならそれに越したことはありません。

6-2 なぜオタクはどんな過疎地のイベントにも積極的に参加するのか

▼いつか推しが卒業するその日のために

脱退や引退を指して卒業という言葉が一般的になりました。今では当たり前に浸透した言葉ですが、自分がオタクをやり始めた頃はそれほどメジャーな言葉ではありませんでした。それは、一時的にせよ、活動しない＝辞めるというのが当り前だったからです。それほど脱退や引退という言葉は重い言葉でした。

これがまかり通っていたのは自分が知る限りプロレスの世界だけ。だけどそのプロレス界においても戻ってくるのは稀で、一度引退した方が戻ってくることはそうそうないのが現実です。

「もうあの子がいないなら、現場には行かない」

「あの人がいないなら私は何に情熱を注げばいいのかわからない」

自分はこの現象を**「オタク燃え付き症候群」**と呼んでいます。

あれだけ熱心に現場に来ていたのに。毎回現場で楽しそうにしていたのに。この人はオタクが天職なんだと思った人でも辞めてしまい、イベントに来なくなる。

これはリアルなイベント現場だけでなく、2次元の世界でも起こります。とある知人は「どのアニメでも推しを見つけるんだけど高確率で死んでしまう。それも序盤だから最後まで見る気力が続かない」と言います。


大切なのは、別のやり方や方法を見つけること。

そう、**推しは1人に絞る必要はありません。何人いてもいいのです。**

あの超人気キャラクターのキティちゃんも「推しはどれだけ増えても良い」と言っています。熱量高くオタクをやっている人ほど、それが折れたときのダメージは大きくなります。

今は説明する側になれた自分も「オタク燃え付き症候群」になった記憶があります。コロナ前の2019年頃はその症状が顕著に表れていました。

推しが卒業したのではなく、ヲタ芸の進歩が止まったのがその理由です。ある程度自分が思い描くヲタ芸ができるようになったタイミングと、一緒にヲタ芸をしていた仲間が少なくなったタイミングがかぶったのです。ライバルがいない状態で、張り合いがないので今以上にヲタ芸を成長させねばという使命感もぼやけていました。

いま思うとレベルが低かったなと思えますが、当時はかなり悩みイベントにも力が入らず熱量は停滞していました。幸い、ひたすらにヲタ芸をし続け、新しい技術を手に入れる方法を模索し、なんとかオタク燃え付き症候群を抜け出しました。

自分も燃え尽き症候群になる前は、絶対にそんなことになることはないとタカを括っていました。しかし一度折れた心は元には戻りにくいものです。そうならないためにも少しでも気になった演者、アイドルを見つけたら会いに行くことをオススメします。

推し活の安寧を保つためにぜひ覚えておいてください。

▼マンネリを打破できるのは行動力だけ

いくら好きなことであっても毎年同じイベントだけ、同じ人だけを長年追いかけ続けられる人はかなり稀です。それは飽きが出てしまうからです。

自分が行っているヲタ芸では長い日は1日8時間行うことはザラで、中には10時間以上行うことがあります。屋外でやることが多く体力面にばかり目が行きがちですが、一番大変なのは飽きないかどうか、この部分だったりします。

ヲタ芸を淡々と打っているだけでは飽きとの戦いになることもあります。

自分より先輩のオタク、年上のオタクでも同じ演者を一人だけ推し続けているという人はこれまで見たことがありません。

だいたいは複数の現場をかけ持ちしていることがほとんどです。そういった方に話を聞くとルールがあり、推しの序列があるというのをよく耳にします。

「〇〇だけに通う」という方はかなりの少数派です。一番の推しがいながらその界隈《かいわい》にも行っていることがあります。モー娘。に行っている人が地下アイドルライブにも足を運ぶ。乃木坂46に行っている人が他の坂道系アイドルにも会いに行っている。

そう、長く続ける方は自分で変化をつけるのです。

自分も声優現場でヲタ芸をしていたとき、地下アイドルの現場に足を運び大きな衝撃を受けました。当時は声優現場こそ強いオタクが集まると本気で思っていましたが、地下アイドル現場には面白いオタク、個性的なオタクが数多く生息していました。

違う界隈のヲタ芸を見ることで、自分のヲタ芸に大きな変化がつきました。

▼生活圏外のイベントこそ参加せよ

ヲタ芸をやり始めて16年。気がつけばどこのイベント現場でもヲタ芸を打つ生活を長く続けています。自分も最初からこのやり方ではなく、普通に現場に通い、人並みに推しという存在がいた時期もありました。

しかし、推しの長期休養が発表され、岐路に立たされます。自分はどうするべきか……。活動を振り返ってみると、狭い範囲の話ですが「ヲタ芸といえば一番先生」という認識が周りにも広まっていました。ヲタ芸を主軸に活動するしかない。

ヲタ芸を推しにする。

そのときの想いは一つの完成形を作り上げました。決意してから、それまでの界隈やアイドル・声優という枠にとらわれず、色々な現場に足を運ぶようになりました。

このとき参加し自分の大きなターニングポイントになったのは夏フェスです。参加した当時はちょうど日本で夏フェスが増えていた頃で、今では関西を代表するイナズマロックフェスが立ち上げられたときでした。

ロックアーティストだけでなく、アイドル、アニソン歌手なども出演します。

これは面白そう！

持ち前の行動力を活かして参加し、ヲタ芸をする日々が始まりました。

夏フェス立ち上げ時の熱量、観客も手探りで楽しもうとする雰囲気。「自分たちがこのフェスを作っているんだ」という高揚感に満たされました。

夏フェスは、都市で開催されるものもあれば地方で開催されるものもあります。北は北海道から南は熊本まで。それまでもライブのツアーで色々なところに行っていましたがフェスでなければ行けないような場所もあり、よい刺激ももらえました。

イベントで行ったことでその土地のこと、文化も知ることができました。イベント以外の時間があれば美術館や資料館にも足を運ぶようになり、これも一つの趣味になりました。

今でも新しい夏フェス、見たことがないイベントがあれば積極的に参加しています。推し活を続けていると一種のルーティンになることがあります。パターンが読めてしまい、考えなくても行動できることが増えてくると感じます。

それを崩し、自分から動き出してからが本番です。新しい発見や刺激を得られ、推し活を長く続けることができます。

6-3

続けることより、目の前のイベントに全身全霊を傾ける

▼昨日のイベントは過去のイベント

これを書いている今、イベントが終了した直後です。この項を書くのにちょうどいいタイミングだと感じました。今の自分の心境としては来週のイベントのことで頭がいっぱいです。今日のイベントのことはさっきスマホで日記にまとめ、Xに感想をポストしました。

イベント直後に日記にまとめる。このルーティンを行った後、イベントのことを振り返ることは少ないです。

目の前の音、ライブにより深く集中するようになり、楽しむ力も上がりました。

昨日のイベントをむやみやたらと反芻《はんすう》しない。

これはイベントを楽しむ上で非常に大切なことだと考えています。

目の前のイベント、ライブはその瞬間しかありません。二度とはやってきません。立ち止まらず同じ失敗を繰り返すのはよくないですが、だからといって過去に縛られていては次のイベントを手放しで楽しめません。

これは、成功体験を引きずらないためにも有効な方法です。「あのときこうだったから」「そのときはこうしたから」は、マンネリ化を生み、新しい楽しみにチャレンジする気持ちに二の足を踏ませます。

これに気づけたのは「エヴァンゲリオン」の監督・庵野秀明《あんのひであき》さんのドキュメンタリーを観たときでした。この番組は『シン・エヴァンゲリオン劇場版』の制作が終わり、関係者試写のときのものでした。

スタッフに言葉をかけたあとロビーで仕事をする庵野氏。インタビュアーに『シン・エヴァンゲリオン』は観るんですか?」と聞かれ、「観ないです」と仰っていたのが非常に印象的でした。

時期を考えると『シン・仮面ライダー』の制作がスタートしている頃です。次の作品で頭がいっぱいだったのでしょう。次の楽しみ＝次のイベントに目を向けることが情熱を絶やさない秘訣だと感じた瞬間です。

これは考え方を変えて取り入れるべきだと感じました。ちょうど自分がブログを始めたときでもあり、反省点の振り返りができるようになっていたのも追い風になり、うまくハマりました。

気がつけばイベントで後悔することはなくなり、毎回新たな壁、挑戦すべき内容がやってきてレベルが上がったと感じます。あわせて熱量がない、燃え尽きたという状況になっている暇がなくなり、次へ、次へと前向きな気持ちになれました。区切りのイベント、期待値の高いイベントが終わった後、「これが終わったら何を楽しみに生きればいいかわからない」というオタクは多数見てきました。そういった節目をキッカケでいなくなったオタクも多数います。

この考え方だと、新しい楽しみができるまでの日常がすべて蛇足なってしまいます。このやり方はそういった心理状態を防ぐことにも効果的です。

▼「続けること」を意識すると継続できない

ヲタ芸を始めてから今日まで、あっという間でした。

現場で5年ぶり、10年ぶりに会うオタク友達と昔話をすると、懐かしさもひとしおです。**多くの出会い、別れを経験してきましたが、一つだけ変わらないことがあります。それは「続けようと思わないこと」です。**

前にお話ししたように方向性を変えたことはありました。

しかし、イベントに参加する、ヲタ芸を行うことにおいて「続けないといけない」という気持ちは持ったことがありません。もしこれが「しなければ」という気持ちになっていたら、ここまで続けることはできなかったでしょう。

どんなに長時間のフェスに参加しても、ラストのときに高揚する曲が流れると、体がどれだけしんどくても手は勝手に動き出します。

終わった翌日、体が全身筋肉痛であっても悔いはありません。心に従った上での結果です。

楽しいことを続けるためにはギリギリまでやらない、自分を追い込まないことが大切です。

本書で紹介した時間活用術について、何度も「あなたに合うスタイルを見つけて」と言っているのは、義務になっては続かないからです。

世の中を見ると、中には半ば義務でもそつなくこなす人もいます。しかし、多くの人は誰かがやっているから、あなたもやらないといけないというわけではありません。人にはそれぞれのペースがあります。年齢、経験、そして体力。

この問題と向き合うとき、自分が大切にしているのは、今の自分を認めることです。長年ヲタ芸を続けてくると昔は理解できなかったことがわかるようになってきます。体の調子や得意・不得意。こういったことを他人と比べると、キリがなくなり「やらなければ」という義務感に駆られます。

そうならないためにしっかりと自分を見つめ、受け入れる。「これは不得意だけど仕方がない」。これぐらいの気持ちを持つようにしています。

若い頃、やりはじめの頃はとかく勢いがあります。脇目も振らず全力で行う。これがうまくいき、良い結果やあり得ない成果が生まれるのも事実です。

しかしこれは長続きしません。数年、10年以上継続できた方が大切にすることは、できなかったことを受け入れ受容することです。

できないことは一旦横においておき、目の前のことを楽しむ。これを意識すると結果的に「継続できている」という状態になるのです。実際自分はそうでした。

本書でお伝えしたやり方を行っていただいた今、年間で行いたいスケジュールは決まっていると思います。それを一つひとつ全力で行う。続けるとか考えずに、目の前の楽しみを積み重ねた先に、「継続した」という事実ができます。

▼推し愛が定時帰りを実現させる

推し活を長く続ける人には一つの特徴があります。**それはオタクの気質を持ち合わせている点です。これは生まれ持っての性質であり、この性質を持ち合わせている方はオタクを辞めることはできません。**自分がここに気がついたのは最近になります。

自分が見つけたこと、それはオタクとオタク気質は別物だということです。

オタクとは本来、自分の好きなものに対して深掘りする人だと考えます。

これは今のヲタ芸でも同じです。気がつけば15年ぐらい共にヲタ芸をしている「雷撃氏」。知り合った頃は色々話はしましたが、今では会うのは年に数回です。お互いにヲタ芸の研究・深掘りを各々で行い、数ヶ月に一度対戦する。稀にイベントに誘うことはありますが、頻繁に連絡を取り合う仲ではありません。

自分が会社で定時帰りを続ける生活は推し活歴と同じ年数になりました。

この定時帰りを確固たる意思で継続できているのは、「常識と違うことを自分の意思で決定し、やり続けているから」だと感じます。

例えば転職はそれにあたります。イベントに本気で参加しだして2年が経過した頃、土日休みが取りやすかった部署から異動となり、その瞬間転職を実行しました。誰かに言われたからやるのではなく、自分の意思でやると決め、実行する。推し活に全力を注いでいるんだから楽しいだろうと思われるかもしれませんが、これは思いの外しんどいことです。

誰もやっていない方法なので聞ける人もおらず、すべて自分で考えて行う必要があります。結果が出るまでどれだけ時間を要するか不明で、先の見えないトンネルを走り続けるような気持ちです。

はじめは100時間の残業があった自分も、今では毎日定時に帰り、推し活＝ヲタ芸を毎週末に行うことができています。

25歳の自分に伝えても信じられない状況となっており、日々充実しています。定時帰りを目指し、時間活用術を身につけ、推し愛を全うできるようになりました。

どれか一つでも行動し、あなたの残業時間が減り、推し活に全力で取り組める状況が作れることができれば自分としてもこれほど嬉しいことはありません。常識にとらわれず、自分の意思で決定しやり続け、推し活を全力で楽しんでください！

おわりに

「書籍化決まりました！」

編集者の方からこの一報を頂いた時、「まさか！」という心境でした。

確かに定時には帰れているし、オタクとしても充実していますが、本を書くことになるなんて夢にも想像していませんでした。

とはいえ、せっかく頂いたチャンス、やるしかない！　と決意し、執筆中は死に物狂いで取り組みました！

イベントでヲタ芸を打ちながら、会社員として働きつつ、執筆を行う日々。

イベントの移動時間、フェスのスキマ時間、休みの日をフル活用し、なんとか書き切ることができました。

この本に書いてある時間術は会社員として働きながら、全力でオタクをしている自分が、いま考えつくすべての方法を記載しています。

以前に比べ、仕事より推し活や自分のやりたいことをやれる時代にはなっていますが、まだまだやりにくさ、うまくいかないことが多いことは重々承知しています。読んで頂いたみなさまの推し活がより充実したものになることの一躍を担えればこれほど嬉しいことはありません。

この本を手に取って頂き、最後までお読み頂いたみなさまに感謝申し上げます。

ここからはお世話になった方へのお礼を伝えさせて頂きます。

まずは転職してまでヲタ芸をした自分を温かく見守ってくれた両親には感謝の念でいっぱいです。いつもサポートありがとうございます。

次に勝手に人生の師匠と呼ばさせて頂いている林さん、村里さん。何者でもなかった自分に色々なことを教えて頂き、本当にありがとうございました。

そしてヲタ芸をやり始めた時、毎週のように対戦頂いた土井さん。気がつけば15年ぐらい共に戦い、技を発明し、色々な現場に行った雷撃氏にも感謝申し上げます。書

モル氏、いつも背中を押してくれる
籍化にあたり色々相談に乗ってくれアドバイスしてくれ、ありがとう。

また今回書籍化に伴いイベントでの告知に協力頂いたへなぎ氏。いつもありがとう。またイベントであり得ない光景を作りましょう！

そしてへなぎ氏のイベントで出会い、いつも温かい言葉を頂いてるsavage geniusのああさん、eufoniusのriyaさんAnnAさん、ありがとうございます。

最後にこの本を作るにあたり、毎回遅くまで打ち合わせをして頂いたＰＨＰ研究所の松本一希様。本当にお世話になりました。松本様のご協力なくして今回の書籍化はなかったと感じます。重ねてお礼申し上げます。

この本を最後までお読み頂いたみなさま、ありがとうございました！
みなさまの推し活が少しでも充実したものになることを願っています。

２０２４年8月　一番先生

PROFILE

一番先生

（いちばんせんせい）

オタク歴27年社会人歴18年。営業管理職。イベント参加数は5000以上、参加時間は1万2000時間以上になる。Xフォロワー数3500人、フジテレビ「オタカル最前線」（30分の密着ドキュメント番組）で取り上げられた経験あり。日本・タイ・台湾に自身のファンを持つ。

装幀イラスト
師岡とおる

本文イラスト
おなわなお

装幀
金井久幸
（TwoThree）

1日3時間集中で
“仕事”も“推し”も両立する
定時に帰れる時間活用術

2024年10月9日　第1版第1刷発行

著　者　一番先生
発行者　永田貴之
発行所　株式会社PHP研究所
東京本部　〒135-8137 江東区豊洲5-6-52
ビジネス・教養出版部　☎03-3520-9619（編集）
普及部　☎03-3520-9630（販売）

京都本部　〒601-8411 京都市南区西九条北ノ内町11
PHP INTERFACE　https://www.php.co.jp/

組　版　株式会社PHPエディターズ・グループ
印刷所　大日本印刷株式会社
製本所　東京美術紙工協業組合

ISBN978-4-569-85806-7